商业模式
顶层设计

千 海◎著

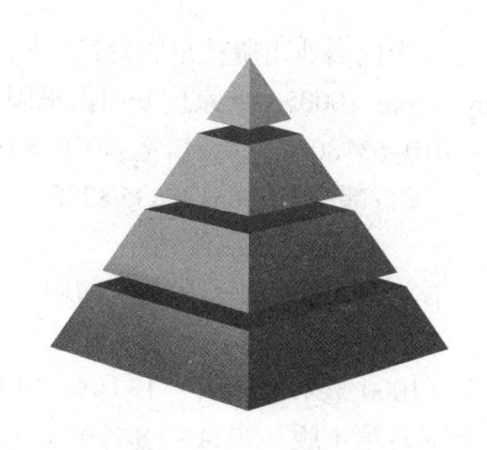

中国商业出版社

图书在版编目（CIP）数据

商业模式顶层设计 / 千海著. -- 北京：中国商业出版社，2024. 8. -- ISBN 978-7-5208-2995-3

Ⅰ．F71

中国国家版本馆 CIP 数据核字第 202445KN31 号

责任编辑：杨善红
策划编辑：刘万庆

中国商业出版社出版发行
（www.zgsycb.com 100053 北京广安门内报国寺 1 号）
总编室：010-63180647　　编辑室：010-83118925
发行部：010-83120835/8286
新华书店经销
香河县宏润印刷有限公司印刷

*

710 毫米 ×1000 毫米　16 开　13 印张　120 千字
2024 年 8 月第 1 版　2024 年 8 月第 1 次印刷
定价：68.00 元

****

（如有印装质量问题可更换）

序

新时代的企业家必须掌握商业模式顶层设计的核心

企业发展的背后是企业家商业思维的升级，是企业系统性变革的关键因素。商业模式是企业发展的"护城河"。在新时代的经济环境下，企业家必须掌握商业模式顶层设计的核心能力。本书编写的目的，意在为那些渴望在竞争激烈的市场中脱颖而出的企业家提供一份权威、全面的指南。

随着全球化和科技的快速发展，如今的商业环境已发生了翻天覆地的变化。对于企业家来说，只有跟上时代的步伐和市场的变化，才能在激烈的竞争中立于不败之地。而商业模式顶层设计，就是实现这一目标的关键。

本书将深入探讨商业模式顶层设计的核心，包括商业模式顶层设计新思维、商业模式顶层设计的战略执行进程、商业模式顶层设计变革和实战三个部分，在叙述中结合具体案例，帮助读者了解并掌握商业模式顶层设计的具体思路和方法，让其能够更好地经营企业，赢得竞争。

与传统商业模式的简单复制不同，新时代的企业家必须具备新思维，包括结构思维、融合思维等，才能掌握和运用新的商业模式。因此，通过阅读本书，我们希望能够激发读者的创新潜能，让他们能够重新思考和定位自己企业商业模式的顶层设计。

当今的中国，要求现代的企业家不仅要有与时俱进的思维，更重要的是有创新自己企业商业模式的能力与胆魄。所以我希望本书能够给广大创业者和企业家带来新的有关商业模式的启发和实用的战略执行进程，帮助大家优化和创新自己的商业模式顶层设计。

商业模式顶层设计是为那些渴望在新时代的商业竞争中取得成功的企业家准备的。无论是初创企业，还是已经成长起来的中小企业，只要渴望在竞争激烈的市场中突破自我、实现企业的良好发展，都希望你认真阅读本书，相信它将成为你的不可或缺的指南和助力。

千海

盛澜国际幸福书院院长

外滩企业家智库创始人

中国企业战略顶层设计导师

前言

不确定时代的商业模式如何设计?

在当今不确定和多变的时代,商业模式的设计和创新已成为企业成功的关键。面对日新月异的经济环境、不断涌现的竞争对手以及不断涌现的技术革新,企业家们必须具备灵活适应和创新变革的能力,才能在当下激烈的市场竞争中保持领先优势。

本书的写作意图,是为那些怀揣着创业梦想以及渴望实现企业创新发展的企业家提供一份指导手册。本书探讨了不确定时代下商业模式的设计原则和方法,帮助读者在不确定的环境中构建起稳健、创新的商业模式。

世界唯一不变的就是变化,当今时代的不确定性,随着技术的升级、消费方式的转变,以及商业环境的变化等,愈加表现出复杂性、多变性和风险性的特点。因此,在设计商业模式时,企业家需要做好充分的准备和规划,兼顾内外部环境的影响,以应对时代的不确定性。本书将为读者提供商业模式顶层设计的新思路和方法,帮助大家在不确定的时代寻找商业机会,并设计出适应时代变化的顶层商业模式。

战略和商业模式都是随着市场环境、技术发展以及客户需求的变化而不断演化的。在商业模式设计中，企业需要关注变革和适应性。具体来说，企业需要时刻关注市场趋势和变化，灵活调整战略和商业模式。这种调整和创新的过程应该是持续的，并且需要企业具备快速响应和适应变化的能力。

此外，企业还需要关注那些不变的人性要素，以激发个体的创造力和工作热情。人性中的一些基本要素是相对稳定的，例如对价值、公平、尊重和归属感的需求。在模式设计中，理解和把握这些不变的人性要素非常重要。

激发个体的创造力和工作热情的模式设计可以帮助企业保持竞争优势。通过提供一个充满激励、挑战和成长机会的环境，企业可以吸引和留住优秀的员工与合作伙伴。这种模式设计可以激发个体的内在动机，使他们更加投入地工作，从而为企业创造更大的价值。

而要把握人性中的创造力和工作热情，就需要在模式设计中增加让员工成长和发展的具体方法，如提供培训、晋升机会和奖励机制，从而帮助员工提升自身能力，实现个人目标，同时为企业创造更大的价值。

综上所述，商业模式设计要注重人性要素，要变革，即要持续优化战略和商业模式，以适应市场的变化和需求。通过这样的模式设计，企业可以更好地应对市场的挑战和机遇，实现永续经营的目标。

本书第一部分探讨了商业模式顶层设计的新思维。

企业商业模式成功的关键因素包括成本优势、跑马圈地、激励和共享等。抓住了这些关键因素，企业家就能够为自己的企业设计出更具竞争力的商业模式。

```
    员工          商业模式
   ─────   ──推动──→   企业发展
    产品
```

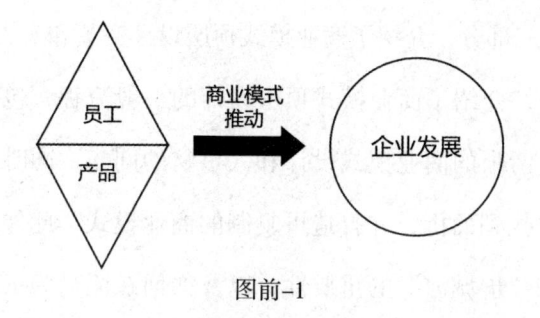

图前-1

　　企业家都渴望把企业做大做强，这要求企业家要学习商业模式顶层设计的结构思维。对企业而言，在当今时代，仅靠产品质量和赚差价来挣钱已远远不能适应市场竞争，而应该依靠独特的商业模式取胜。而企业商业模式设计的成功与否，取决于企业的资源配置和组织结构。企业应通过集成封装思维、构建价值壁垒和利益相关者的交易结构来设计有效的商业模式。

　　本书的第一部分，探讨商业模式顶层设计融合思维。商业模式的设计需要考虑用户心理、差异化生存模式和符号经济等因素。本书将介绍如何通过融合思维设计出基于用户群体心理的新模式、差异化生存模式和符号经济模式。读者将能够在设计商业模式时抓住关键点，实现企业和市场的完美融合。

　　本书的第二部分，重点关注了商业模式顶层设计的战略执行进程。

　　本书强调关键资源的重要性，认为它是模式执行的第一步。在本部分，讨论了关键资源收费、次要资产免费模式、关键资源爆品模式和切分市场等策略。同时，本书也会探讨商业模式顶层设计如何推动新增量和实现长期增长力，以及如何通过裂变和营销突破来达到模式执行的目标。

本书的第三部分，介绍了商业模式顶层设计变革和实战。

在本部分，介绍了商业模式顶层设计的一般流程，包括机制、模式和目标分解、清晰的商业模式设计和人事财的同步。同时，本书讨论了如何在生态中找到商机，并打造可复制的商业模式。此外，本书还强调了永续经营和"护城河"的重要性，以及如何在流量为王的时代进行商业模式的复制。

管理学大师彼得·德鲁克曾说过："企业的竞争，不是产品之间的竞争，而是商业模式之间的竞争。"而我也要说："战略智慧胜过有形资产，商业模式升级也是企业的核心战略。"最后，期待本书能够帮助企业家朋友们了解和掌握商业模式顶层设计的核心思维和执行进程，以构建新的商业模式，实现企业的更好发展。

目录

第一部分　商业模式顶层设计新思维

第一章　商业模式顶层架构就是企业商业模式的施工图 / 2
企业的竞争，是商业模式的竞争 / 2
新商业模式让企业不走弯路 / 6
模式的最终胜出者都是成本为王 / 9
模式设计的战略表现都是"跑马圈地" / 11
模式的本质就是激励和共享 / 14
模式就是价值链重新分钱的机制 / 17

第二章　商业模式顶层设计要有结构思维 / 21
企业经营的六个级别 / 21
大型企业都是一张资源网络 / 29
商业模式设计需要构建价值壁垒 / 34
商业模式是利益相关者的交易结构 / 38

第三章　新商业模式设计的符号经济融合思维 / 41

基于用户群体心理的新模式设计 / 41

差异化生存模式设计的本质 / 44

刚需和符号经济的完美融合模式 / 47

一切都值得用符号经济模式重做一遍 / 50

符号经济模式设计需要抓住关键点 / 53

好的商业模式是企业融资的基础 / 56

第二部分　商业模式顶层设计战略执行进程

第四章　模式顶层设计需要基于企业的关键资源 / 60

认清关键资源是模式执行的第一步 / 60

关键资源收费、次要资源免费模式 / 64

关键资源爆品模式 / 67

切分一个企业壁垒的细分市场 / 70

可吸引投资人的商业模式 / 73

第五章　模式顶层设计执行就是要创造新的增量 / 78

商业模式设计推动新增量 / 78

短线增长力是商业模式执行的现实 / 81

长线增长力是模式执行的追求 / 84

商业模式设计的六个关键要素 / 88

第六章　裂变成为模式顶层设计执行的标准工作 / 92

营销突破依然是模式设计的重中之重 / 92

数字时代典型的裂变商业模式回顾 / 98

裂变模式以存量带增量 / 103

从激励机制变成共享机制 / 108

裂变模式的难点在裂变之后 / 115

第三部分　商业模式顶层设计变革和实战

第七章　商业模式顶层设计的一般流程 / 120

商业模式执行需要相信机制的力量 / 120

坚持什么放弃什么，心里要有数 / 128

机制、模式和目标分解 / 135

商业模式要清晰且容易理解 / 139

要钱有钱，要人有人，人事财同步 / 143

第八章　商业模式顶层设计需要在生态中找机会 / 149

学会在生态圈中求生存 / 149

模式新规则就是生态规则 / 153

紧跟最优者既是策略也是模式 / 156

打造再差异化的产品和服务模式 / 158

再小的企业也有自己的生态模式 / 164

第九章　永续经营，可复制的商业模式 / 171

打造企业的"护城河" / 171

流量为王的时代，如何复制 / 174

商业模式画布 / 180

精深小企业的商业模式设计 / 186

企业家以终为始的思维，决定企业的长久发展 / 190

第一部分
商业模式顶层设计新思维

第一章
商业模式顶层架构就是企业商业模式的施工图

企业的竞争，是商业模式的竞争

在当今高度竞争和快速变化的商业环境中，企业之间的竞争已经不再仅局限于产品或服务的差异化，更深层次的竞争，是商业模式的竞争。商业模式决定了企业如何创造价值、传递价值和获取价值，这是企业战略的核心，也是企业生存和发展的基石。

商业模式是指企业创造、传递和获取价值的基本逻辑与结构，它涵盖了企业的价值主张、目标客户、分销渠道、核心能力、合作伙伴、成本结构、收入模式等多个方面。一个成功的商业模式能够为企业提供清晰的发展方向、有效的资源配置，以及持续的竞争优势。

商业模式设计的根本是商业价值的创造和协作链条的共赢。终端购买者是谁，谁就拥有话语权，故而始终都要围绕人去设计商业模式，然后倒推组织企业资源。总之就是通过终端消费者的体验模式反向驱动一切资源。没有模式，神仙也做不好企业，模式是面向用户的机制设计，模式设计的本质就是人性自我激励的过程。一个商业模式有没有效，不看显示在表面的管理，而是要看背后的激励和努力。背后的激励才是真激励，背后的努力才是真努力，而企业组织能力和模式设计的根本关联性就在于此。

商业模式的重要性主要体现在以下几个方面。

商业模式决定了企业的战略定位和市场定位。它明确了企业的价值主张，即企业能为用户提供何种价值，从而确定了企业的目标用户和市场范围。

商业模式决定了企业的运营效率和盈利能力。不同的商业模式可能产生不同的成本结构和收入模式，从而影响企业的盈利能力。

商业模式是企业竞争优势的来源。独特的商业模式能够创造独特的价值，从而为企业带来竞争优势。

随着市场竞争的加剧，越来越多的企业开始意识到商业模式的创新对于提升企业竞争力和实现持续增长的重要性。如今，企业之间的竞争已经转变为商业模式的竞争。

在商业模式的竞争中，企业需要关注以下五个方面。

（1）市场趋势。企业要紧跟市场趋势，了解客户需求和行业变化，以便及时调整自己的商业模式。

（2）新技术。新的技术不断涌现，企业需要关注并应用新技术来优化自己的商业模式。

（3）盈利模式。企业需要设计出适合自己的盈利模式，以保证商业模式的可持续发展。

（4）合作伙伴。企业需要寻找和建立合适的合作伙伴，以实现资源共享和优势互补。

（5）组织变革。企业需要不断地进行组织变革，以适应商业模式的调整和发展。

图1-1　最好的商业模式示意图

提升企业商业模式竞争力的关键在于不断创新和优化，持续关注市场趋势和客户需求变化，以便及时调整价值主张和目标客户；积极拥抱新技术，将其应用于产品或服务的创新、分销渠道的优化等方面；设计出适合自己的盈利模式,包括定价策略、收入来源的多样化等;寻找和建立合适的合作伙伴,以共享资源和优势互补;不断进行组织变革,以适应商业模式的调整和发展;学习和借鉴其他行业的成功商业模式,将其应用于企业的业务创新中;注重数据分析和市场调研,以便更好地理解客户需求、市场趋势和竞争对手态势;培养一支具备商业洞察力和创新思维的团队,鼓励员工积极参与商业模式创新过程,具备跨部门、跨领域的合作能力,以便更好地整合资源并推动商业模式变革。

商业模式创新往往伴随着风险和不确定性,但只有通过不断尝试和调整,企业才能找到最适合自己的商业模式。企业应注重风险控制和管理,确保在创新过程中保持稳定和可持续发展;同时坚持持续改进和优化,即使企业已经拥有成功的商业模式,也需要不断地对其进行评估和改进,让其时刻保持敏锐的洞察力和应变能力,以适应不断变化的市场环境,保持竞争力。

> 世界上最好的商业模式都是强刚需、高频率、高毛利,所以量大是企业致富的关键,客户黏性是企业基业长青的保证。
>
> ——千海

总的来说,商业模式的创新与优化是一个持续不断的过程。在未来的商业竞争中,企业需要更加注重商业模式的创新与变革,以适应不断变化的市场环境和客户需求。只有不断创新并保持商业模式的竞争力,企业才能在激烈的市场竞争中立于不败之地,实现持续的发展与增长。

新商业模式让企业不走弯路

在当今商业世界,新商业模式不断涌现,为企业带来了前所未有的机遇和挑战。新商业模式不仅能帮助企业快速适应市场变化,还能为企业创造持续竞争优势,实现可持续发展。因此,新商业模式成为企业持续发展的关键因素。

新商业模式的重要性源于市场的不断变化和消费者需求的多样化。随着科技的发展,企业面临的市场环境越来越复杂,竞争也越来越激烈。传统商业模式往往难以适应这种快速变化的环境,而新商业模式则能够更好地满足消费者需求,提高企业的竞争力,让企业不走弯路。

新商业模式能够帮助企业实现资源的最优配置,提高运营效率,降低成本。通过创新的商业模式,企业能够打破传统行业规则,开拓新的市场空间,实现商业价值的最大化。同时,新商业模式还能为企业带来更多的合作伙伴和资源,增强企业的生态圈。

在商业模式的探索与创新过程中,不少企业通过颠覆性的创新,实现了从跟随者到领导者的华丽转身。比如美国的特斯拉公司，通过创新的直销模式和垂直整合策略，打破了传统汽车行业的游戏规则，成为电动汽车领域的佼佼者。

特斯拉的商业模式创新不仅体现在产品上，更体现在整个价值链的整合上。它通过直销模式减少了中间环节，降低了不必要的成本，并通过垂直整合策略将核心资源掌握在了自己手中，确保了产品的品质和竞争力。这种全新的商业模式使得特斯拉在短时间内取得了巨大的成功，也为其他企业提供了宝贵的经验。

商业模式的创新不仅仅是企业发展的需要，更是时代进步的必然要求。在竞争日益激烈的商业环境中，企业必须紧跟时代步伐，不断探索和创新商业模式，才能保持持久的竞争优势。

随着互联网的普及和发展，共享经济成为一种新兴的商业模式。共享经济通过互联网平台将闲置的物品、空间和技能等资源共享给需要的人，实现了资源的优化配置和价值的最大化。共享经济的代表企业包括 Uber、Airbnb、滴滴出行等。这些企业通过创新的商业模式不仅改变了传统行业规则，还创造了巨大的商业价值。

以 Uber 为例，它将闲置的私家车资源通过互联网平台整合起来，为消费者提供便捷、高效的出行服务。通过这种模式，Uber 不仅提高了私家车的使用率，还为消费者提供了更加实惠的出行选择。同时，Uber 还通过大数据分析和智能调度等技术手段，提高了运营效率，降低了成本。这种商业模式的创新不仅为 Uber 带来了巨大的成功，也为其他企业提供了宝贵的经验。

另一个创新商业模式的案例是数字化营销。随着互联网的发展，数字化营销逐渐成为企业营销的重要手段。数字化营销通过数据分析和精准定位技术，将广告投放到目标人群中，提高了营销效果和转化率。数字化营销的代表企业包括谷歌、Facebook 等。这些企业通过创新的商业模式和技术手段，改变了传统广告投放方式，为企业带来了巨大的商业价值。

以 Facebook 为例，它通过分析用户数据和社交关系，将广告精准投放到目标人群。这种商业模式的创新不仅提高了广告效果和转化率，还为企业节省了大量的广告费。同时，Facebook 还通过数据分析和挖掘，不断优化广告投放策略，提高广告效果和用户体验。这种商业模式的创新为 Facebook 带来了巨大的商业成功和市场竞争力。

新商业模式是企业持续发展的关键因素。通过创新商业模式，企业能够更好地适应市场和消费者需求的变化，提高竞争力并创造持续的竞争优势。在实践中，企业应从深入了解市场趋势和消费者需求、敢于突破传统思维模式、积极学习和借鉴成功经验、加强技术手段的应用和数据分析的能力提升等方面入手创新商业模式。只有这样，企业才能在激烈的市场竞争中立于不败之地，实现可持续发展的目标。

模式的最终胜出者都是成本为王

在商业模式的探索与创新过程中,不难发现一个共同点,即最终胜出的模式,往往是那些能够将成本控制在合理范围内的模式。成本的控制不仅关乎企业的盈利水平,更直接影响其在市场上的竞争力。

成本领先是竞争优势的源泉,是企业在市场竞争中获取优势的关键。通过降低成本,企业可以提供更有竞争力的价格,增加市场份额,从而获得更大的利润。

比如沃尔玛,作为全球最大的零售商,其成功的秘诀在于始终坚持成本领先战略。沃尔玛通过集中采购、高效的物流管理系统以及严格的成本控制,实现了商品价格低于竞争对手。这不仅吸引了大量消费者,还进一步挤压了竞争对手的生存空间。

持续创新则是降低成本的永恒法宝。在技术快速发展的今天,持续创新是企业保持成本领先的关键。只有不断创新,企业才能在生产、管理、销售等各个环节实现成本的降低。

前面提到了特斯拉的商业模式创新，它在电动汽车领域的成功，在很大程度上得益于其通过对技术的持续创新而实现了低成本生产。通过自主研发和优化电池技术、电机和电控系统，特斯拉不断降低生产成本，最终实现了高性能电动汽车的普及化。同时，特斯拉还积极布局太阳能领域，通过太阳能电池板和储能设备的结合，进一步优化了其能源解决方案的成本结构。

企业在追求成本领先的过程中，也面临着诸多挑战。如过于关注成本可能导致企业对品牌建设的忽视、产品质量的下降、创新能力的减弱以及对外部环境变化的适应性降低等。因此，企业在实施成本领先战略时，必须充分考虑这些潜在风险，并采取应对策略。

大家都知道，诺基亚曾经是手机市场的霸主，其成功在很大程度上源于对成本的严格控制。然而，随着智能手机的兴起，诺基亚过于关注成本控制而忽视了创新，导致其产品在功能和设计上逐渐失去竞争力。相反，苹果公司虽然初期成本较高，但凭借其独特的产品设计和强大的生态系统迅速占领了市场，成为全球最有价值的品牌之一。

总之，成本领先要与可持续发展相结合。随着社会对可持续发展的日益重视，企业在追求成本领先的同时，必须考虑环境和社会责任。只有在可持续发展框架下实现成本领先的企业，才能真正实现长期竞争优势和商业价值的最大化。

综上所述，模式的最终胜出者都是成本为王。企业在激烈的市场竞争中要获得成功，必须不断探索和创新成本控制方法，实现成本领先与可持续发展的完美结合。只有这样，企业才能在长期竞争中立于不败之地。

模式设计的战略表现都是"跑马圈地"

在商业模式的发展过程中，还有一个明显的现象：成功的模式往往具有"跑马圈地"的战略特性。这种战略表现不仅体现在对市场份额的快速扩张上，更体现在对资源、渠道和消费者心智的全面掌控中。

首先，"跑马圈地"可以让企业快速扩张市场份额，奠定企业在市场上"领头羊"的地位和基础。"跑马圈地"战略的首要目标是快速扩张市场份额，通过占据更多资源、拓展渠道和优化供应链，实现规模经济效应。拼多多、字节跳动等，所有的商业活动都是围绕圈住用户展开。网络时代的商业竞争，就是用户社区的"大游戏"，谁创造了更好的内容社区，让用户长久地驻足，并愿意付费购买，谁就是最大的赢家。

比如美团外卖，在成立初期，采取了快速"跑马圈地"的策略，其通过大规模的地推团队和高效的配送系统，迅速占领了大部分市场份额，成为外卖行业的领军企业。

其次，可以通过整合资源提高企业经营效率和竞争力。在"跑马圈地"的过程中，企业需要迅速整合内外部资源，提高运营效率。通过对供应链、物流、人力资源等环节进行整合和优化，企业能够降低成本，提升服务质量，进一步巩固市场地位。

比如滴滴出行，在发展初期，通过快速整合出租车、私家车等资源，构建出一个庞大的出行服务平台。通过智能匹配和高效的调度系统，滴滴提高了车辆使用效率，降低了运营成本，为消费者提供了更加便捷、实惠的出行选择。随着市场的不断扩张，滴滴还进一步整合了供应链和物流资源，提高了服务质量和运营效率。

再次，"跑马圈地"可以拓展销售渠道，这是扩大商业版图的关键。企业在"跑马圈地"的过程中，需要不断拓展销售渠道，来覆盖更广泛的消费者群体。通过线上线下的全面布局，企业能够更好地满足消费者需求，提高市场渗透率。

比如，阿里巴巴在发展过程中，采取了多元化、全方位的渠道拓展策略。从淘宝到天猫，从支付宝到饿了么，阿里巴巴不断拓展业务边界，覆盖了电商、金融、物流等多个领域。这种全方位的渠道布局为阿里巴巴带来了巨大的商业机遇，让其成为全球最具价值的品牌之一。

最后，"跑马圈地"也是为了占领消费者心智，这是长期竞争优势的源泉。在"跑马圈地"的过程中，企业如果占领了消费者心智，塑造了独特的品牌形象和价值观，那么就能在市场中稳固立足。通过精准的品牌定位和有效的品牌传播，企业能够与消费者建立深度联系，形成难以复制的竞争优势。

最典型的案例就是可口可乐，它作为全球饮料行业的领导者，成功的关键在于对消费者心智的占领。通过深入人心的广告传播和长期的品牌建设，可口可乐塑造了一种代表快乐、活力、青春的品牌形象。这种独特的品牌价值让可口可乐在市场上长期保持领先地位，即使面临竞争对手的挑战也始终屹立不倒。

总之，"跑马圈地"作为一种商业模式设计的战略表现形式，其核心在于快速扩张、资源整合、渠道拓展和心智占领。企业在实施"跑马圈地"战略时，必须注重可持续发展原则，确保扩张过程与环境、社会和经济责任的协调统一。只有这样，企业才能在激烈的市场竞争中立于不败之地，实现长期的商业成功。

模式的本质就是激励和共享

在商业模式的顶层设计中，激励和共享是两个本质要素，它们共同决定了商业模式的成功与否。即便是开一家小店，也需要顶层商业模式设计，一切商业模式设计的本质就是人性的激励。

激励即激发内部动力与外部参与。

激励是推动商业模式运转的本质因素之一。一个有效的激励体系不仅可以激发内部员工的积极性和创造力，还可以吸引外部合作伙伴的参与，共同推动商业模式的成功。

首先，激励有助于调动员工的积极性。当员工认识到自己的努力和贡献能够带来相应的回报时，他们会更加主动地投入到工作中，发挥自己的创造力和潜能。这种内部激励能够显著提高员工的工作效率和执行力，从而提升整个组织的绩效。

其次，激励能够促进外部合作伙伴的参与。通过为合作伙伴提供有吸引力的激励措施，企业可以建立稳定的合作关系，实现资源共享和优势互补。外部合作伙伴的参与不仅能为商业模式注入新的活力，还能帮助企业拓展市场、降低成本、提高竞争力。

共享能优化资源配置与价值共创。

共享是商业模式中资源整合与价值创造的基石。通过共享，企业可以优化资源配置、降低成本、提高效率，同时与合作伙伴共同创造更大的商业价值。

首先，共享有助于优化资源配置。在传统的商业模式中，企业往往需要大量投入资源以获取市场份额。而通过共享，企业可以借助外部资源来弥补自身的不足，实现资源的优化配置，降低运营成本。这种资源共享不仅能够提高企业的经济效益，还能为企业带来更多的发展机会。

其次，共享有助于实现价值共创。在商业生态系统中，企业与合作伙伴之间通过共享彼此的资源和能力，可以共同创造出更大的商业价值。这种价值共创不仅有助于提升企业竞争力，还能增强整个商业生态系统的稳定性。通过共享，企业可以与合作伙伴共同应对市场挑战，抓住市场机遇，实现商业成功。

激励与共享的融合将驱动商业模式变革。

成功的商业模式设计需要将激励与共享有机融合。通过构建一个既能激励内部和外部参与者，又能实现资源共享和价值共创的体系，企业将能够推动商业模式的持续创新与发展。

首先，企业应建立有效的激励机制来激发内部员工的积极性和创造力。这包括制定合理的薪酬制度，提供良好的晋升机会，创造良好的工作环境等。通过满足员工的物质和精神需求，企业能够最大限度地发挥员工的潜力，推动组织目标的实现。

其次，企业应与外部合作伙伴建立互利共赢的合作关系。通过提供有吸引力的激励措施，如利润分成、股权共享等，企业可以与合作伙伴共同开发和利用资源，实现价值共创。这种合作关系的建立有助于企业快速拓展市场、降低风险和提高竞争力。

最后，企业应关注整个商业生态系统的健康发展。在追求自身利益的同时，企业应关注合作伙伴和行业的整体利益，推动整个生态系统持续创新和进步。通过激励与共享的融合，企业将能够打造一个良性循环的商业生态系统，实现商业价值的最大化。

在商业模式的设计过程中，企业应始终关注人的需求和利益，建立有效的激励机制，激发内部员工和外部参与者的积极性和创造力。同时，企业应以合作为基础，通过资源共享和价值共创，实现商业价值的最大化。以人为本、以合作为基础的激励与共享模式将为企业带来持久的竞争优势，引领商业模式的未来发展。

总之，商业模式顶层设计的本质就是激励和共享。通过建立有效的激励机制和合作关系，企业能够激发内部动力、吸引外部参与、优化资源配置、实现价值共创。在竞争激烈的市场环境中，这种激励与共享相结合的商业模式将为企业带来巨大的竞争优势和商业成功。

模式就是价值链重新分钱的机制

商业模式不仅关乎企业如何创造价值，还涉及如何将价值在价值链上进行分配。伟大的模式设计者需要伟大的心胸，伟大的模式的背后是伟大的格局。

在传统的商业模式中，价值链上的利润分配往往不均衡，企业占据较大份额，而合作伙伴和消费者得到的利润较少。然而，在当今竞争激烈的市场环境中，这种利润分配方式已不再适用，企业需要重新审视价值链上的利润分配，确保各方的贡献得到应有的回报，从而建立长期稳定的合作关系。

重新分钱机制的目的是实现价值的公平分配，激发各方的积极性和创造力。通过合理的利润分配，企业能够吸引和留住优秀的合作伙伴，提高消费者的忠诚度，从而提升整个价值链的竞争力。

重新分钱机制要根据利益相关者的贡献评估。

在制订利润分配方案之前，企业需要对各利益相关方在价值链中的贡献进行评估。这包括评估他们的资源投入、风险承担、技能和合作意愿等。只有准确评估利益相关方的贡献，才能制订出合理的利润分配方案，进而平衡各方的利益诉求，确保公平和可持续的合作。

在制订利润分配方案时，企业需要考虑以下三个因素。

（1）各方的资源投入。评估各方在项目或业务中投入的资源量和质量，以确定其应得的利润分成比例。

（2）风险承担。分析各方在项目或业务中所承担的风险程度，风险承担较高的合作伙伴应获得更高的利润分成。

（3）技能和合作意愿。考虑各方所具备的技能和合作意愿，对于具有关键技能或高度合作意愿的合作伙伴，应给予适当的利润分成激励。

此外，利润分配方案应具有足够的灵活性，以便应对市场环境和业务变化。企业应定期评估价值链上的贡献变化，及时调整利润分配方案，以保持合作关系的稳定和可持续发展。

由于市场环境和业务发展是不断变化的，因此重新分钱机制需要进行动态调整。企业应建立一套完善的动态调整机制，以便在以下情况下及时调整利润分配方案。

首先，根据市场需求变化，各利益相关方在价值链中的贡献可能发生变化。企业应根据市场变化及时调整利润分配方案，以确保公平和可持续的合作关系。

其次，技术的不断创新和发展可能对价值链上的利润分配产生影响。企业应关注技术创新的发展趋势，并据此调整利润分配方案，以保持竞争优势。

最后，企业与利益相关方之间的合作关系可能发生变化，如合作伙伴的更替、合作方式的调整等。在这种情况下，企业应根据合作关系的变化重新评估利益相关方的贡献，并相应调整利润分配方案。

动态调整机制有助于确保重新分钱机制的适应性和有效性，使商业模式能够更好地应对市场挑战和业务变化。通过及时调整利润分配方案，企业能够维护各方的利益诉求，增强价值链的稳定性。

总之，重新分钱机制会促进合作关系的稳定性。通过合理地分配利润，企业能够与利益相关方建立长期稳定的合作关系。这有助于降低交易成本，提高运营效率，共同应对市场挑战。重新分钱机制作用明显，首先，有助于增强各方对价值链的信任和忠诚度，降低合作风险，从而促进合作关系的长期稳定发展。

其次，有助于提升企业竞争力。通过优化价值链上的利润分配，企业能够更好地整合资源，降低成本，提高产品质量和服务水平。这有助于企业在激烈的

> 这个世界唯一不变的就是变，企业要在变化中重新做好市场定位，创新商业模式，改变营销模式，升级服务管理模式。
>
> ——千海

市场竞争中脱颖而出，赢得市场份额。重新分钱机制激励各利益相关方发挥其最大潜能，共同推动价值链的创新和发展，从而提高整个企业的竞争力。

最后，可以推动商业模式的创新发展。重新分钱机制鼓励企业不断探索新的商业模式和合作机会。通过与利益相关方共同创造价值，企业能够开拓新的市场领域，发掘新的增长点，实现商业模式的持续创新和发展。重新分钱机制激发了各方的创新动力，推动企业在产品研发、营销策略和服务体验等方面进行持续改进和创新。

总之，商业模式作为价值链上重新分钱的机制，需要以共赢思维为导向，实现价值的公平分配。通过平衡各方的利益诉求，企业能够建立稳定、可持续的合作关系，从而共同推动商业模式的创新与发展。

第二章
商业模式顶层设计要有结构思维

企业经营的六个级别

在探讨企业顶层设计时,理解企业经营的不同级别至关重要。大体上讲,企业经营有如下六个级别。

级别一:产品导向

此阶段的企业经营重心主要放在产品上,强调产品的功能和特点,以满足消费者特定需求为主,最好是"强刚需·高毛利·高频率"的商业模式构成。

产品导向有利于企业聚焦于产品的研发和优化,提高产品质量和竞争力。

但过度依赖产品导向可能会导致企业忽视市场变化和客户需求变化，以及缺乏对整体市场的把握。

级别二：销售导向

在这个阶段，企业经营的重点转向了销售，强调如何将产品更好地销售出去，注重销售策略和销售渠道的拓展，整个商业模式设计是"易操作·快现金·高利润"的结构。

销售导向能够推动企业提高销售效率和市场份额。但过度强调销售可能会导致对产品质量和客户真正需求的忽视。

级别三：市场导向

市场导向的企业开始关注整个市场趋势和客户需求，强调通过市场调查和分析来指导产品和销售策略。

市场导向能够帮助企业更好地满足客户需求，提高客户满意度，并增强市场竞争力。比较安全的商业模式基础是"低风险·轻资产·高频消费量·快现金"。

但仅依靠市场导向可能仍难以应对快速变化的市场环境。

级别四：品牌导向

在这个阶段，企业开始注重品牌建设和品牌价值的提升，通过品牌传达企业的价值观和文化，增强消费者对品牌的忠诚度。

品牌导向有助于企业建立差异化竞争优势，提高品牌知名度和美誉度。

但品牌建设需要时间和持续投入，而且市场上的品牌竞争激烈，要脱颖而出并不容易。

级别五：产业链整合

此阶段企业开始关注产业链的整合，通过整合上下游资源，降低成本，并提高整个产业链的效率和竞争力。

产业链整合能够帮助企业降低成本、提高运营效率，并增强整个产业链的竞争力。但产业链整合可能需要大量的资源和时间投入，而且需要处理好与产业链上其他企业的合作关系。

级别六：生态圈建设

此阶段是最高级别，企业注重构建一个完整的商业生态圈，整合各种资源、创造一个良好的商业环境，以支持圈内企业的共同发展。这不仅包括产业链上的企业，还包括相关的第三方机构、政策制定者、行业协会等。

生态圈建设有助于企业与众多利益相关者建立紧密的合作关系，实现资源共享、互利共赢，共同应对市场的挑战和机遇。同时，生态圈的自我完善和发展能力使其能够更好地适应变化多端的市场环境。

生态圈建设需要企业具备强大的资源整合能力和生态运营能力，以及对众多利益相关方的管理和协调能力。此外，在构建和维护生态圈的过程中也需要大量的投入。

综上所述，企业在设计商业模式时需要清晰地识别自己所处的经营级别和发展目标，并根据具体情况制定相应的发展策略。从产品导向到生态圈建设，企业在不同级别的经营中面临着不同的挑战和机遇。只有全面理解和掌握这六个级别，企业才能在顶层设计时做出明智的决策，从而推动企业的持续发展。同时，随着企业不断发展壮大和市场环境的变化，企业也需要灵活调整自己的经营策略和商业模式，以保持竞争优势，并不断迈向更高的经营级别。

图2-1　企业经营级别图

商业模式设计是一种做局思维，它涉及对商业生态系统中各种资源和利益关系的深度思考和精心布局。任何一个成功的商业模式都是一个复杂的系统，它按照价值排序将各种资源、利益相关方和活动有机地集成在一起。在这个系统中，每个部分都有其独特的价值和作用，它们相互依存、相互促进，共同实现整个商业模式的成功。

商业模式的利益机制是多种资源的组合，它需要将不同的资源有效地整合在一起，以实现商业价值的最大化。这些资源包括人力资源、财务资源、技术资源、市场资源等，它们在商业模式中发挥着不同的作用，共同创造商业价值。

设计商业模式的人需要具备结构思维，他们需要能够将商业模式视为一个整体，了解每个部分在整体中的作用和相互关系。他们需要具备价值排序的能力，明确各种资源的优先级和重要性，以及如何利用这些资源实现商业价值的最大化。

在商业模式的设计中，需要注意利益相关方的利益诉求和关系管理。这需要设计者具备丰富的经验和深入的行业洞察力，以便能够充分了解和照顾到各个利益相关方的利益，实现商业模式的可持续发展。

随着互联网技术的发展，算法已经成为商业模式设计的重要工具。算法能够帮助设计者更好地分析和理解市场需求、消费者行为、行业趋势等，从而更好地优化和改进商业模式。通过算法的封装和应用，商业模式的设计和实施将变得更加智能化和高效化。

综上所述，商业模式设计是一种系统性的思维过程，它需要充分考虑各种资源和利益相关方的关系，利用算法等工具进行模式优化和创新。通过精心布局和持续优化，设计者可以创造出具有竞争力的商业模式，实现商业价值的最大化。

在商业模式顶层设计中，集成封装思维是一种重要的系统性算法思维方式。它强调将企业的各种资源和能力进行整合，形成一个具有竞争优势和可持续性的整体。通过集成封装思维，企业可以更好地整合资源、提高效率、增强竞争力，实现可持续发展。

集成封装思维是指将企业的各种资源和能力进行整合，形成一个具有竞争优势和可持续性的整体。这种思维强调的是将分散的、独立的元素整合成一个高效、协调一致的系统，以实现资源的最大化利用和企业价值的最大化。它注重整体性和协同性，将企业的各个方面整合在一起，形成一个强大的合力，从而更好地满足客户需求和市场变化。

那么为什么需要集成封装思维？

这是提升资源利用效率的需求，通过集成封装，企业可以将分散的资源进行集中管理和优化，提高资源的利用效率，降低成本，并增强盈利能力。

这是增强企业竞争力的必需，在市场竞争日益激烈的今天，企业需要具备独特的竞争优势。集成封装思维能够帮助企业整合各种资源和能力，形成难以模仿的竞争优势，从而更好地满足客户需求，提高市场占有率。

这是促进创新发展的需求，集成封装思维鼓励企业进行跨界合作和资源共享，与其他企业进行联合创新，开拓新的市场和业务领域。这种创新模式能够激发企业的创新活力，推动企业不断进步和发展。

同时这是实现可持续发展的要求，通过集成封装，企业可以形成一个协调一致、自我完善的系统。这个系统能够根据市场变化和企业发展需要，不断进行调整和优化，从而实现可持续发展。

那么如何运用集成封装思维构建商业模式？

首先要明确核心资源与能力。在运用集成封装思维构建商业模式之前，企业需要明确自己具备哪些核心资源与能力。这些资源与能力是构建商业模式的基础，能够帮助企业找到自身的竞争优势和价值所在。

二是要进行资源整合。企业需要对各种资源进行整合，形成一个高效、协调一致的系统。这包括对内外部资源的整合、对线上线下资源的整合等。通过资源整合，企业可以更好地发挥自身优势，提高运营效率和市场竞争力。

三是要打造独特价值链。通过资源整合，企业可以打造出独特的价值链。这个价值链应该具备高度的协调性和协同性，要能够提供与众不同的产品或服务，以满足客户需求，提高市场竞争力。

四是跨界合作与资源共享集成封装思维鼓励企业进行跨界合作，与其他企业共享资源和能力。通过跨界合作，企业可以开拓新的市场和业务领域，实现资源共享和互利共赢。这种合作模式能够降低成本、提高效率、增强创新能力，从而推动企业的发展和进步。

最后注重持续优化与迭代。商业模式不是一成不变的，企业需要根据市场变化和自身发展需要，持续优化和迭代商业模式。通过不断调整和改进，企业可以保持其竞争力和生命力，实现可持续发展。

还是以苹果公司为例，苹果公司运用集成封装思维构建了一个强大的商业模式。苹果公司不仅设计和生产自己的产品，还控制着产品的整个生态系统。从硬件到软件，从音乐到视频，从在线服务到应用程序商店，苹果公司都进行了高度整合和封装。这种模式使得苹果公司能够提供高质量的产品和服务，创造独特的用户体验，从而获得了巨大的商业成功。

苹果公司的成功秘诀在于其强大的集成封装能力。这种能力使得苹果公司能够将各种资源和能力整合在一起，形成一个具有竞争优势的整体。苹果公司的硬件设计、操作系统、应用程序等都得到了高度整合和优化，为用户提供了一体化的解决方案。这种整体性的解决方案能够满足用户的全方位需求，从而提高了用户忠诚度和品牌价值。

同时，苹果公司的商业模式还注重跨界合作和资源共享。苹果公司的应用程序商店汇集了数百万款应用程序，这些应用程序来自全球各地的开发者。苹果公司为开发者提供了统一的平台和良好的生态系统，使得开发者能够方便地发布和推广自己的应用程序。这种合作模式使得苹果公司和开发者实现了共赢，推动了整个生态系统的繁荣和发展。

通过以上分析可以看出，集成封装思维对于商业模式的构建至关重要。苹果公司的成功经验表明，只有将各种资源和能力进行高度整合和优化，形成独特的竞争优势和生态系统，才能在激烈的市场竞争中立于不败之地。对于其他企业而言，学习和借鉴苹果公司的成功经验，运用集成封装思维构建适合自己的商业模式，将有助于提高自身竞争力并实现可持续发展。

大型企业都是一张资源网络

在当今的商业世界中，大型企业通常被视为一个庞大的实体，它们拥有数以万计的员工、复杂的组织结构和多元化的业务领域。然而，更准确地说，大型企业实际上是一张紧密连接的资源网络，各种资源和能力在这个网络中流动和共享。

我们先看几个例子。

娃哈哈是中国知名的食品饮料企业，其终端销售网络以传统的经销商体系为基础，通过与经销商的合作，建立了广泛的销售网络。娃哈哈注重市场开拓和渠道下沉，通过不断扩大销售网络，提高了产品覆盖率，实现了快速的市场扩张。

卫龙是一家以辣味休闲食品为主的企业，其渠道网络主要通过线上和线下的销售终端来实现。卫龙注重品牌推广和销售渠道的多元化，除了传统的超市、便利店等零售渠道外，还积极开拓线上渠道，并通过电商平台和社交媒体等渠道的销售，实现了快速的增长。

蜜雪冰城是一家以饮品为主的连锁企业，其渠道网络主要包括直营店和加盟店。蜜雪冰城注重品牌建设和连锁经营，通过精细化的管理和营销策略，提高了品牌知名度和美誉度，吸引了大量加盟商加入，实现了快速扩张。

周黑鸭是一家以鸭脖为主的食品企业，其渠道网络主要包括直营店、加盟店和电商渠道。周黑鸭注重产品品质和品牌形象，通过精细化的管理和营销策略，提高了品牌影响力和市场占有率。同时，周黑鸭在电商渠道的销售方面也做得非常好，实现了线上线下相互支持的销售模式。

这些企业的商业模式之所以能够存在并取得成功，除了高效的管理结构和运营体系，还有强大的资源管控能力，没有强有力的资源网络，商业模式是无法存活的。

大型企业作为资源网络，具有以下特点。

一是多元化与整合。大型企业通常涉及多个业务领域和市场，每个领域都有其独特的资源和能力。一个有效的资源网络需要将这些多元化的资源进行整合，以实现协同效应，并最大化整体价值。

二是动态与灵活性。资源网络不是一成不变的。随着市场环境的变化和企业发展的需要，资源网络需要进行动态的调整和优化，以保持其竞争力和适应性。

三是开放与共享。一个健康的资源网络需要保持开放，并与其他企业和组织共享资源，形成互利共赢的合作关系。同时，企业内部各部门之间也需要打破壁垒，以实现资源的充分共享。

四是创新与进化。资源网络鼓励内部创新，并为创新提供必要的资源和支持。同时，随着企业不断发展和进化，资源网络也需要不断地更新和升级。

大型企业都是一张资源网络，它们通常具有以下几个优势。

一是协同效应。通过资源网络的构建，企业内部各部门之间可以实现资源和能力的共享，提高整体运营效率。同时，不同业务领域之间也可以形成互补效应，增强企业的整体竞争力。

二是快速响应。资源网络使得企业内部信息流通更加顺畅，这就有利于企业对市场变化做出快速响应，抓住市场机遇。

三是创新能力提升。资源网络鼓励企业内部创新，为企业提供了一个不断探索和尝试的平台。通过与其他企业和组织的合作，企业可以获取更多的外部资源和技术支持，从而推动自身创新能力的提升。

四是降低成本。通过资源网络的构建，企业可以实现规模经济和范围经济，能够降低生产成本、管理成本和交易成本等。同时，资源网络的共享模式也有助于减少资源的浪费和重复配置。

当下，新颖的管理理念在资源网络中不断得到应用。

首先是平台化管理。平台化管理强调建立一个开放、共享的内部平台，将各部门、各业务领域的资源和能力进行整合。通过平台化管理，企业可以实现资源的快速流动和高效配置，促进企业内部协同创新。

二是敏捷组织。敏捷组织是一种新型的组织形式，强调组织的灵活性和适应性。在资源网络中，企业需要构建一个敏捷的组织结构，以应对市场变化和抓住机遇。通过敏捷的组织形式，企业可以快速调整资源配置，优化业务流程，提高运营效率。

三是数据驱动决策。在数字化时代，数据已经成为企业决策的重要依据。通过数据分析，企业可以更好地了解市场需求、优化资源配置、提高运营效率。在资源网络中，企业需要构建一个完善的数据收集、分析和应用体系，以支持科学决策和持续改进。

四是人才生态建设。人才是企业最宝贵的资源之一。在资源网络中，企业需要重视人才生态建设，吸引和留住优秀人才。通过构建一个良好的人才生态环境，企业可以激发员工的创造力和潜力，从而推动企业的持续发展。

最后是生态合作与共赢。在资源网络中，企业需要与其他企业和组织建立紧密的合作关系，实现资源共享和互利共赢。通过建立良好的生态合作关系，企业可以拓展业务领域、增强创新能力、降低成本，进而实现更快更好的发展。

以华为为例，华为是一家全球领先的科技企业，涉及电信设备、智能手机、电脑等多个领域。作为一个大型企业，华为构建了一个庞大的资源网络，它将各种资源和能力进行了整合和共享。华为通过平台化管理的方式，将供应商、研发团队、销售渠道等各方资源进行整合，形成了一个高效的研发和销售体系。同时，华为还通过数据驱动决策和人才生态建设等管理理念的应用，不断优化资源配置和提高运营效率。这种资源网络和管理理念的创新使得华为在激烈的市场竞争中取得了巨大的成功。华为的成功经验表明了大型企业作为资源网络的重要性以及管理理念创新的必要性。

商业模式设计需要构建价值壁垒

在当今快速变化的商业环境中,一个成功的商业模式不仅需要创造价值,更需要构建有效的价值壁垒。这些壁垒可以保护企业免受竞争威胁,确保持续的竞争优势和盈利。

价值壁垒的构建包括以下五个方面。

一是独特的资源获取。企业需要拥有独特的资源或能力,这些资源或能力是其他竞争对手难以模仿或复制的。通过控制关键资源,企业可以保持其在市场中的竞争优势。

二是强大的品牌影响力。品牌是消费者对产品或服务的认知和信任。通过建立强大的品牌,企业可以获得更高的市场份额和更忠诚的消费者群体。

三是高效的运营模式。企业需要设计高效的运营模式,以降低成本、提高效率并快速响应市场变化。这种运营模式的优势可以帮助企业在竞争中脱颖而出。

四是紧密的合作伙伴关系。与其他企业和组织的紧密合作可以为企业带来互补的资源和能力,增强整体竞争力。通过建立稳定的合作伙伴关系,企业可以共同应对市场挑战。

五是不断创新的能力。持续的创新是企业保持竞争优势的关键。通过不断推出新产品或服务,企业可以满足消费者不断变化的需求,并保持其在市场中的领先地位。

以 Netflix 为例,Netflix 是一家全球领先的在线流媒体服务平台,其成功的商业模式设计构建了强大的价值壁垒。首先,Netflix 拥有庞大的内容库,包括自制剧集和购买版权的内容,这为其提供了竞争优势和独特资源。通过不断推出优质内容,Netflix 吸引了大量付费订阅用户,从而实现了持续的收入增长。其次,Netflix 注重用户体验,使用了个性化的推荐算法和流畅的用户界面。这不仅提高了用户满意度,还进一步增加了用户黏性。同时,Netflix 还不断创新业务模式,从最初的租赁服务到流媒体,再到自制剧集,始终走在行业前沿。这种持续创新的能力使得 Netflix 能够快速适应市场变化,并保持竞争优势。

另一个新兴的案例是 TikTok,这款短视频社交平台在短短几年内就迅速崛起成为全球流行的社交媒体之一。TikTok 通过独特的算法和个性化推荐技术,让用户能够轻松浏览和发现感兴趣的内容。这不仅吸引了大量年轻用户,还吸引了广告商和内容创作者。TikTok 还鼓励用户参与内容创作和分享，从而建立了活跃的社区文化。此外，TikTok 不断创新商业模式，推出了各种营销活动和广告合作模式，为企业和个人提供了与目标受众互动和推广的机会。这些价值壁垒为 TikTok 在社交媒体市场中建立了坚实的竞争优势。

通过以上案例分析可以看出，成功的商业模式设计需要构建有效的价值壁垒。这些壁垒不仅可以保护企业免受竞争威胁，还可以为企业带来持续的竞争优势和市场份额增长。

商业模式其实就是"深挖洞，广积粮"的过程，它可以帮助企业做更多资源积累。以比亚迪过去 20 年的商业模式设计为例。

比亚迪始终坚持自主研发和制造，拥有完整的产业链，从电池、电机、电控系统到整车制造，都能够实现自主供应。这种模式使得比亚迪能够更好地控制产品质量和生产成本，从而提高了它的市场竞争力。

比亚迪一直坚持技术创新，不断推出具有竞争力的新产品。在新能源汽车领域，比亚迪推出的电动汽车、混合动力汽车等产品在市场上受到广泛欢迎。

比亚迪采用垂直整合的商业模式，涉足产业链的各个环节，从原材料、零部件制造到整车装配，都能够自主完成。这种模式有助于比亚迪更好地控制产品质量和生产成本，提高其市场竞争力。

比亚迪积极推进国际化战略，产品出口到了全球多个国家和地区。

通过国际化战略，比亚迪能够更好地利用全球资源，拓展国际市场，提高品牌影响力。

比亚迪注重绿色可持续发展，致力于推动新能源汽车的普及和应用。通过持续的技术创新和市场拓展，比亚迪已经成为全球新能源汽车领域的领先企业之一。

总体来说，比亚迪的商业模式设计以自主研发和制造为核心，以创新驱动、垂直整合、国际化和绿色可持续发展为战略方向，通过不断推出具有竞争力的新产品和服务，满足了市场需求，提高了品牌影响力。

以比亚迪为例，我们可以看出，不积累能力就想赚钱的商业模式，本质上都是投机和"耍流氓"。建立自己的"小院高墙"，才是商业模式设计的勇者。不讨巧，真积累，才能够面对未来。

因此，企业在商业模式设计过程中，应注重以下五个方面。

一是创新与差异化。企业应注重产品和服务的创新与差异化，打造独特的竞争优势和市场定位。

二是品牌建设。企业应注重品牌建设和维护，提高消费者对产品和服务的认知和信任度。

三是运营效率。企业应优化运营模式，提高内部管理效率和资源利用效率，降低成本。

四是合作伙伴关系。企业应与其他企业和组织建立紧密的合作关系，实现资源共享和优势互补。

五是持续创新。企业应保持持续创新的能力，不断推出新产品和服务以满足市场需求的变化。

在当今竞争激烈的商业环境中，构建有效的价值壁垒已成为企业取得成功的关键因素之一。通过创新的商业模式设计和实施有效的战略措施，企业可以建立强大的价值壁垒并保持竞争优势。

商业模式是利益相关者的交易结构

在商业领域中，商业模式被认为是企业创造和获取价值的核心逻辑。随着商业环境的变化和竞争的加剧，越来越多的企业开始意识到，商业模式的本质不仅仅是盈利方式，更是一种利益相关者的交易结构。商业模式的核心在于企业如何与利益相关者建立交易关系，以创造和获取价值。这些利益相关者包括供应商、分销商、合作伙伴、顾客、员工等。企业通过优化与利益相关者的交易结构，可以实现价值的最大化。商业模式就是基于企业用利益来驱动一批又一批的合作者的行动。

构建有效的利益相关者交易结构的关键要素包括识别利益相关者、

建立共赢关系、优化交易流程、建立长期合作关系和灵活调整交易结构。

识别利益相关者，即明确企业的利益相关者，包括直接和间接利益相关者，是构建交易结构的基础。了解他们的需求、目标和期望，有助于企业更好地与他们建立合作关系。

成功的交易结构需要建立在共赢的基础上。企业应寻求与利益相关者共同创造价值，并合理分配价值，以确保各方的满意度。

企业应优化与利益相关者的交易流程，提高效率和降低成本。这包括简化交易环节、降低交易成本和减少交易风险。

企业应与利益相关者建立长期稳定的合作关系，这样有助于降低交易成本、减少不确定性，并增强企业的竞争力。

随着市场环境的变化，企业应灵活调整与利益相关者的交易结构。这需要企业具备快速响应能力和创新能力，以适应不断变化的市场需求。

以 Airbnb 为例，Airbnb 通过建立独特的利益相关者交易结构，实现了快速成长和成功。Airbnb 将原本闲置的房屋资源、房主和旅行者连接起来，通过在线平台提供民宿租赁服务。这种模式改变了传统的酒店业格局，并为各方创造了价值。对于房主而言，他们可以通过 Airbnb 出租房屋并获得额外收入；对于旅行者而言，他们可以以更低的价格获得更个性化的住宿体验；对于 Airbnb 而言，他们可以从中抽取佣金作为收入。

这种利益相关者交易结构的成功之处在于：精准定位需求，Airbnb

准确识别了市场上的需求,即旅行者寻求更经济、个性化的住宿体验,而房主则有闲置房屋资源待出租;建立共赢关系,通过提供平台和服务,Airbnb确保了各方的利益得到保障。房主可以获得经济收益,旅行者可以获得满意的住宿体验,而Airbnb则从中获得佣金收入;优化交易流程,Airbnb简化了房屋租赁的交易流程,降低了交易成本和风险。他们通过在线平台提供信息透明化、支付安全等服务,确保了各方能够顺利完成交易;建立长期合作关系,Airbnb与房主和旅行者建立了长期合作关系,并通过提供优质服务和产品,增强了用户黏性。这种稳定的合作关系降低了不确定性,为各方带来了持续的价值创造。动态调整交易结构:随着市场的变化,Airbnb不断优化其商业模式和交易结构,引入了房东评价系统、推出了特色房源等创新措施,以满足不同利益相关者的需求和期望。

> 业务增长是企业永恒的追求,透过商业模式放大增长路径,优化增长模式让企业实现基业长青。
> ——千海

通过以上案例分析可以看出,成功的商业模式需要关注利益相关者的交易结构。通过合理地设计和管理与利益相关者的交易关系,企业可以创造并获取更多的价值。在当今商业竞争激烈的环境中,企业应不断创新商业模式,优化利益相关者的交易结构,以保持竞争优势和持续发展。

第三章
新商业模式设计的符号经济融合思维

基于用户群体心理的新模式设计

在当今商业环境中,新商业模式的设计需要运用融合思维,将不同领域的知识、方法和工具结合起来,以创造更具竞争力的价值主张。

用户群体心理是指对某一特定消费群体的共同心理特征和行为模式的了解。在新商业模式设计中,了解用户群体心理至关重要,因为它可以帮助企业更好地满足客户需求,提高客户满意度和忠诚度。新消费模式本质上都是以欲望和感知为代表的商业模式,人们需要存在感、仪式感、参与感、逃避感、幸福感、玩伴感。这些感觉和上一代人追求功能主义的商业模式设计已经完全不同。新商业模式设计是围绕着感觉设计的，而貌似虚无的感觉却能够带来实实在在的价值，这就是一个上一代人看不懂的时代，但下一代商业模式设计者大赚特赚的时代。

深入洞察用户需求，通过深入研究目标客户群体的心理需求和期望，当今的企业可以开发出更符合客户需求的产品或服务。这需要运用心理学和市场研究方法，深入了解客户的行为、动机和价值观。

在产品或服务的设计中，企业可以通过创造情感共鸣来增强与客户的连接。这需要深入了解目标客户的情感需求，并在产品或服务中融入情感元素，如故事、体验和参与感。

基于用户群体心理的商业模式设计应注重个性化与定制化服务。通过了解客户的独特需求和偏好，企业可以提供定制化的产品或服务，从而提高客户满意度和忠诚度。

利用社交媒体和数字化工具，企业可以构建与用户群体互动的社区。通过社区建设，企业可以更好地了解客户需求，同时增强客户归属感和参与感。

基于用户群体心理的商业模式设计是一个持续优化的过程。企业应不断收集客户反馈和市场信息，并运用心理学原理和创新思维，持续改进产品或服务，以满足客户需求的变化。

以健康科技公司 Peloton 为例。Peloton 通过深入了解目标客户群体的心理需求，提供了一种全新的健康生活方式。Peloton 的用户群体主要是对健康和健身有高度追求的人群，他们不仅需要高品质的课程内容，还需要社区支持和参与感。Peloton通过提供互动性强的课程、社区建设和个性化定制服务，满足了用户的这些需求。同时，Peloton还通过不断优化产品和服务，提高了用户体验和忠诚度。这种基于用户群体心理的商业模式设计使Peloton在竞争激烈的健康科技市场中脱颖而出。

这个案例证明了基于用户群体心理的新商业模式设计的重要性。通过对用户需求的深入洞察、情感共鸣的创造、个性化与定制化服务、社区建设以及持续优化与创新等策略的应用，企业可以打造出更具竞争力的价值主张，实现商业成功。

基于用户群体心理的新商业模式设计是企业在激烈竞争环境中取得优势的关键。通过深入了解目标客户群体的心理需求和行为模式，企业可以开发出更符合客户需求的产品或服务，并构建具有竞争力的价值主张。同时，运用融合思维将不同领域的知识和方法结合起来，可以帮助企业不断创新并优化商业模式，从而在市场中保持领先地位。在未来的商业竞争中，基于用户群体心理的新商业模式设计将成为企业创新发展的重要驱动力。

差异化生存模式设计的本质

在新零售和新消费模式下,经营的本质是要设计出具有个性的商业模式,并通过精准的用户定位来提高效率和盈利能力。在网络经济中,算法的运用可以帮助企业更准确地找到目标消费者,从而实现更有效的营销和推广。精准的用户定位不仅能够提高品牌知名度和用户黏性,同时也能够降低营销成本和提高转化率。

然而,仅仅依靠精准的用户定位并不足以保证商业模式的成功。在实施差异化模式时,还需要充分考虑市场需求、竞争环境、技术发展等因素,以确保模式的可行性和竞争力。同时,企业还需要具备低成本的精准用户抓取能力,这不仅包括利用先进的技术手段进行用户画像和行为分析,还包括通过精细化的运营管理和市场营销策略来提高用户满意度和忠诚度。

大众商业模式和小众商业模式各有其优缺点。大众商业模式能够通过大规模的市场推广来获得更多的用户和市场份额,但竞争激烈,难以实现差异化；小众商业模式虽然市场规模较小，但具有更加精准的目标用户和市场需求，能够更好地满足用户需求和提高品牌形象。

因此，经营的本质是设计出具有个性的差异化生存模式，并通过精准的用户定位和低成本的运营管理来实现商业成功。在实施过程中，企业需要根据市场环境、竞争态势和技术发展等因素进行灵活调整和创新，以适应不断变化的市场需求和消费者行为。

差异化生存模式设计的本质在于创新，要能够通过提供独特的产品或服务，让消费者的个性化需求得到满足，从而在竞争中脱颖而出。

创新不仅体现在产品或服务的开发上，还体现在商业模式、品牌形象和营销策略等方面，以创新驱动发展，满足消费者的个性化需求。

差异化生存模式设计的核心是关注消费者的需求和期望。企业应深入了解用户需求，提供优质的产品或服务，提高用户体验。通过与用户建立情感连接，增强用户的忠诚度和口碑传播，从而在竞争中获得优势。

品牌是企业差异化生存的重要标志。企业应加强品牌建设，塑造独特的品牌形象，提升品牌知名度和美誉度。通过打造独特的品牌价值，企业能够吸引和保持消费者的关注，在竞争中脱颖而出。

市场环境的变化是企业不可控的因素之一。企业应具备快速响应市场变化的能力，灵活调整产品或服务策略，以满足消费者需求的不断变化。同时，企业应保持高度的市场敏感度，要能抓住市场机遇，实现快速成长。

在竞争激烈的市场环境中，企业应寻求合作共赢的机会。通过与其他企业或机构建立战略合作关系，共同开发新产品或服务，提高市场竞争力。合作共赢有助于企业实现资源共享、降低成本、提高效率，从而进一步巩固竞争优势。

企业要运用个性化思维来重新定义差异化生存模式设计。通过深入了解消费者的个性化需求和期望，企业可以开发出独特的产品或服务，以满足市场的个性化需求。例如，定制化的服装品牌能够提供个性化的设计和定制服务，满足消费者对款式和尺寸的独特需求。

运用大数据技术对市场趋势和消费者需求进行深入分析，能为企业制定差异化生存策略提供科学依据。通过数据驱动决策，企业可以更好地了解消费者的需求和反馈，优化产品设计和服务体验，提高市场竞争力。例如，通过分析消费者的购买记录和行为数据，企业可以精准地推荐个性化的产品或服务，提高销售业绩和市场占有率。

如今，消费者更加注重产品和服务的整体体验。企业应关注消费者体验的细节，从产品设计、服务流程、品牌形象等方面提升用户体验。例如，一些品牌通过提供优质的售后服务和客户支持，来增强消费者的忠诚度和口碑传播效应。

还要利用共享经济模式创新产品或服务的提供方式，通过共享平台将闲置资源进行合理配置并降低成本,同时提供更具个性化的产品或服务。例如,共享单车、共享汽车等共享经济模式满足了消费者对便利和个性化的出行需求。

差异化生存模式设计的本质在于创新、个性化和快速响应市场变化。

刚需和符号经济的完美融合模式

刚需指的是在特定情境下,消费者无法抗拒、必须满足的需求。这种需求具有普遍性和稳定性,不受市场变化、消费者偏好等因素的影响。例如,饮食、住宿等基本生活需求就是典型的刚需。

符号经济是指通过塑造品牌、形象等方式来创造价值和获取利润的经济形态。在符号经济中,企业通过打造独特的品牌形象、产品外观等方式来吸引消费者,并以此获取市场份额和利润。

刚需和符号经济并不是相互独立的,而是相互依存、相互促进的关系。一方面,刚需是符号经济的基础。只有在满足消费者基本需求的前提下,企业才能进一步通过符号、品牌等方式创造价值和获取利润。另一方面,符号经济可以增强刚需的满足感。通过打造独特的品牌形象、产品外观等方式，企业可以让消费者在满足基本需求的同时获得更多的附加价值，从而提高消费者满意度和忠诚度。

企业需要对消费者的需求进行深入挖掘，找出其中的刚需和个性化需求。再通过了解消费者的生活习惯、价值观等方面，企业就可以更好地把握消费者的需求，并以此为基础打造符合市场需求的产品和服务。例如，一家餐饮企业可以通过市场调查了解消费者的口味偏好、饮食禁忌等信息，从而推出更符合消费者需求的产品。

在满足刚需的同时，企业需要加强品牌塑造，打造独特的品牌形象和价值观。通过精准的市场定位和营销策略，企业可以让消费者在满足基本需求的同时感受到品牌的独特性和价值，从而增强消费者的忠诚度和购买意愿。例如，一家服装品牌可以通过独特的款式设计和品牌故事来吸引消费者，并以此提高品牌知名度和市场份额。

企业还需要不断创新产品和服务，以满足消费者日益多样化的需求。在产品研发方面，企业可以通过技术升级和创新来提高产品的性能和质量；在服务方面，企业可以提供定制化、个性化的服务来满足消费者的个性化需求。例如，一家智能家居企业可以通过研发更智能、更便捷的产品来满足消费者对智能生活的需求，同时提供定制服务来满足消费者的个性化需求。

企业通过跨界合作和资源整合也可以实现刚需和符号经济的融合。

通过与其他行业的合作，企业可以拓展业务范围、提高市场竞争力；同时，企业还可以借助外部资源来提升自身品牌形象和市场影响力。例如，一家餐饮企业可以与旅游景点合作，推出特色美食旅游线路，通过跨界合作来提高品牌知名度和市场份额。

随着数字化和智能化技术的发展，企业可以通过数字化转型和智能化升级来实现刚需和符号经济的融合。通过大数据分析、人工智能等技术手段，企业可以更好地了解消费者需求、优化产品和服务、提高运营效率和市场竞争力。例如，一家零售企业可以通过数字化转型实现线上线下融合，提高运营效率和市场响应速度；同时，通过智能化升级提供更智能的购物体验来满足消费者的需求。

刚需和符号经济的融合是新商业模式设计的关键所在。在满足消费者基本需求的同时，企业需要加强品牌塑造、创新产品和服务、跨界合作与整合资源以及数字化转型和智能化升级等方面的工作，以实现刚需和符号经济的完美融合。未来随着市场环境的变化和科技的发展，刚需和符号经济的融合将更加紧密和多样化，并为企业的发展带来更多机遇和挑战。因此，企业需要不断探索和创新商业模式设计思路和方法论，以适应市场的变化和发展趋势。

"奥特曼"为什么在全球能够创造600亿美元的市场价值？孩子的"心灵刚需+产品+符号经济"是"奥特曼"创造巨大财富的根源。老派的动画片都是教育人、教训人，而入心的符号经济都是玩伴，都是无压力的同行者。任何成功的商业模式都是刚需和符号经济的完美融合，做互动模式设计者，不要再做宣传鼓动者，才能真正赢得市场，赢得顾客，成为最大的赢家。

一切都值得用符号经济模式重做一遍

经济发展的过程是人类需求层次不断提升的过程，也是商业模式不断创新和变革的过程。在这个过程中，从功能经济到有趣经济，再到意义经济，需求的牵引成为一切商业模式变革的前提。

功能经济时代是以产品功能为核心的时代。在这个时代，人们对于产品和服务的评价主要基于其功能性和实用性。产品的质量和性能是消费者关注的重点。因此，功能经济时代的商业模式设计主要集中在产品性能、质量、价格和成本等方面。企业需要通过提高产品质量、降低成本等方式提高产品的性价比，以满足消费者的需求。

功能经济时代的需求理论主要基于马斯洛的需求层次理论。人们的需求会从基本的生理需求、安全需求开始，逐渐上升到社交需求、尊重需求和自我实现需求。在功能经济时代，人们的基本需求主要是生理需求和安全需求，因此对于产品的功能性和实用性有着极高的要求。

随着社会的发展和人们生活水平的提高，人们对于产品或服务的需求逐渐从功能转向了情感体验。在有趣经济时代，消费者更加注重产品或服务带来的情感体验和个性化感受。因此，这个时代的商业模式设计需要关注用户体验、品牌形象和产品设计等方面，以满足消费者对于情感和个性化的需求。

有趣经济时代的需求理论主要基于赫茨伯格的双因素理论。赫茨伯格认为，满足感是工作的最大动力，而缺乏满足感也是最有效的激励因素。在有趣经济时代，人们更加关注产品或服务带来的情感体验和个性化感受，追求独特的满足感。因此，企业需要通过提供独特的用户体验、品牌形象和产品设计等方式来满足消费者的个性化需求。

在意义经济时代，人们更加关注产品或服务背后的意义和价值。消费者不仅仅关注产品或服务的功能和情感体验，更加关注其对于社会、环境和个人成长的影响。这个时代的商业模式设计需要关注可持续发展、社会责任和文化价值等方面，以满足消费者对于意义和价值的追求。

意义经济时代的需求理论主要基于卡普罗的自我实现理论。卡普罗认为，人的最高需求是自我实现，即实现自己的潜能和追求自己的价值。在意义经济时代，人们更加关注产品或服务背后的意义和价值，追求自我实现的需求。因此，企业需要通过提供具有可持续发展、社会责任和文化价值的产品或服务来满足消费者的需求。

符号经济模式是一种将产品或服务与其符号价值相结合的商业模式。在这个模式下，产品或服务不仅具有功能和情感价值，还具有文化、社会和心理等符号价值。通过符号化，企业可以更好地满足消费者对于意义和价值的追求，同时也能够提高产品或服务的附加值和市场竞争力。

符号经济模式的理论支持主要基于凡勃伦的炫耀性消费理论。凡勃伦认为，人们消费某些商品并不仅仅是为了获得物质满足，更多的是为了获得心理上的满足和社会地位的提升。在符号经济模式下，产品或服务不仅仅是为了满足人们的基本需求，更是为了满足人们的社交需求和尊重需求。因此，企业可以通过提供具有符号价值的商品来提高产品或服务的附加值和市场竞争力。

综上所述，随着经济的发展和人们需求的提升，商业模式也需要不断进行创新和变革。从功能经济到有趣经济，再到意义经济，需求的牵引成为一切商业模式变革的前提。而符号经济模式作为一种将产品或服务与符号价值相结合的商业模式，能够更好地满足消费者对于意义和价值的追求，同时也能够提高产品或服务的附加值和市场竞争力。因此，一切商业模式都值得用符号经济模式重新审视和设计。

符号经济模式设计需要抓住关键点

在现代商业中,符号经济已经成为一个不可忽视的现象。符号经济不仅仅是关于品牌形象或广告的简单呈现,它更深层涉及的是文化、情感、身份认同以及社会地位的象征。简而言之,符号经济是关于"意义"的经济,它赋予商品超越其物理属性的价值。

符号经济在经济活动中,商品和服务的价值在很大程度上来源于其所代表的符号、象征意义或文化价值,而非仅仅来源于其物理属性或实用功能。在符号经济中,消费者购买的不仅仅是产品本身,更是产品所代表的符号意义,如社会地位、个人品位、生活态度等。

奢侈品市场就是符号经济的一个典型代表。消费者购买奢侈品,往往不仅仅是为了其高品质或实用性,更多的是为了其所代表的奢华、尊贵和社会地位。同样,一些品牌通过广告、代言人等方式,将其产品与特定的文化、情感或身份认同联系起来,从而吸引消费者购买。

符号经济的商业逻辑主要基于以下四点。

一是意义赋予。企业将特定的符号或意义赋予其产品或服务，从而使其在市场上与众不同。这种赋予可以是文化上的（如国潮品牌）、情感上的（如亲情、友情、爱情等主题的营销）或身份认同上的（如针对某一特定群体的定制产品）。

二是价值提升。由于符号或意义的赋予，产品的价值得到了提升，消费者也就愿意为这些附加的符号意义支付更高的价格。

三是品牌塑造。符号经济强调品牌的重要性。一个强大的品牌可以成为消费者心中的符号代表，从而吸引消费者反复购买。

四是社会影响。符号经济还涉及社会影响和社交媒体的放大效应。当一个产品或服务成为某种社会现象或趋势时，其符号价值会进一步放大。

为了成功地应用符号经济模式，企业需要抓住以下几个关键点。

首先要深入挖掘消费者情感需求。符号经济模式的成功与否，在很大程度上取决于企业能否深入挖掘消费者的情感需求，并将其与品牌形象和产品特性相结合。消费者在购买产品时，不仅仅会关注产品的功能和价格，更会关注产品所代表的品牌形象和所能带来的情感满足。

符号经济模式的核心在于符号的设计和创新。企业需要创造出独特、有吸引力的符号象征，并将其与品牌形象和产品特性紧密结合，以提升商品或服务的附加值。这种符号可以是品牌标志、包装设计、广告形象等，也可以是具有象征意义的名称、口号或活动。

在符号经济中，品牌不仅是商品的标识，更是消费者身份认同和文化价值的体现。因此，企业需要强化品牌塑造，通过打造独特的品牌形象和价值观，提升消费者对品牌的认同感和忠诚度。同时，企业还需要将品牌与特定的社会群体或文化现象相联系，以强化消费者的身份认同感。

在当今数字化时代，社交媒体已经成为人们获取信息、交流互动的重要平台。符号经济模式需要充分利用社交媒体的传播效应，通过线上线下的融合营销策略，来扩大品牌知名度和影响力。企业需要制定有效的社交媒体营销策略，运用各种社交平台进行品牌宣传和互动营销，来与消费者建立紧密的联系和互动关系。同时，企业还需要注重线上线下的融合，通过线上定制、线下体验等方式为消费者提供个性化的服务和体验，以满足他们的多元化需求。

综上所述，符号经济模式设计需要抓住的关键点包括深入挖掘消费者情感需求、创新符号设计和意义赋予、强化品牌塑造和身份认同以及注重线上线下融合和社交媒体营销等。通过这些关键点的把握和应用，企业能够有效地创造和经营符号价值，从而获取商业利益的同时满足消费者的情感需求和文化价值。随着市场竞争的加剧和消费者需求的多样化发展，符号经济模式将在未来的商业竞争中发挥越来越重要的作用。

好的商业模式是企业融资的基础

在当今的商业环境中，融资对于企业的发展至关重要。企业融资是指企业为了实现其经营目标和发展战略，通过各种合法合规的渠道和手段筹集资金的行为。一个好的商业模式不仅能够帮助企业实现盈利，还能够为企业融资提供坚实的基础。

企业融资涉及的概念、逻辑和商业基础十分复杂，但简要来说，其核心目的是满足企业的资金需求，推动企业的发展和扩张。企业融资的渠道和手段多种多样，包括股权融资、债权融资、风险投资等。股权融资是指通过出售企业的股份来筹集资金的方式，而债权融资则是指通过借款来筹集资金的方式。最后的风险投资则是一种针对高风险、高回报项目的投资方式。

企业融资的商业基础在于评估企业的价值和成长潜力。投资者或债权人通过评估企业的商业模式、市场前景、团队能力等因素，来判断企业未来的盈利能力和偿债能力，从而决定是否为企业提供资金支持。因此，一个好的商业模式能够为企业融资提供有力的支持，提高企业的吸引力和估值。

好的商业模式是企业融资的基础。

一个好的商业模式通常具有较高的增长潜力和市场份额扩张空间。这样的企业更容易吸引投资者，因为投资者相信这种企业有能力在未来实现快速增长和盈利。

好的商业模式能够为企业带来稳定的收入和利润，这意味着企业有足够的资金来偿还借款或支付股息。投资者也更愿意投资能够持续创造价值的企业。

好的商业模式能够在市场竞争中保持领先地位，降低被竞争对手超越或淘汰的风险。投资者通常更愿意投资风险较低的企业。

好的商业模式需要一个强大的团队来执行和运营。一个拥有优秀团队的企业更容易获得投资者的信任和支持。

好的商业模式应该具有可扩展性，要能够在不同的地区或市场中复制并扩大规模。这为投资者提供了更大的增长机会和回报潜力。

价值链是企业创造价值的整个过程，包括原材料采购、生产、物流、销售和服务等环节。一个好的商业模式需要优化价值链，通过提高效率和降低成本，来为企业创造更大的价值。好的商业模式可以在市场竞争中为企业找到一个独特的位置，使其与竞争对手区分开来。一个好的商业模式需要明确企业的定位和差异化优势，从而吸引目标客户并保持竞争优势。企业的资源和能力是其竞争优势的来源。一个好的商业模式需要合理配置和利用资源，以建立和维护竞争优势。企业在追求经济效益的同时，也要关注环境、社会和治理（ESG）因素，以实现可持续发展。

Spotify是全球最大的音乐流媒体平台之一，通过付费订阅模式为用户提供了海量的音乐库和个性化的推荐服务。Spotify的商业模式不仅为用户提供了高品质的音乐体验，还为唱片公司和独立音乐人提供了有效的分发渠道。这种模式使得Spotify在数字音乐市场中占据了主导地位，并吸引了大量的广告商和投资者。因此，Spotify在融资过程中获得了多轮投资，估值不断攀升。

> 一个伟大的企业源于一个创始人的梦想和预见未来的商业模式构思！
> ——千海

这个案例证明了商业模式在商业成功中的重要性。企业只有通过创新的商业模式和有效的执行策略，才能在竞争激烈的市场中脱颖而出，并取得商业成功。因此，对于现代企业来说，设计一个优秀的商业模式并不断优化和完善是至关重要的。一个好的商业模式不仅能够为企业创造竞争优势，还能够吸引投资者和合作伙伴的支持，从而实现快速扩张和发展。

第二部分 商业模式顶层设计战略执行进程

第四章
模式顶层设计需要基于企业的关键资源

认清关键资源是模式执行的第一步

当今只有拥有核心竞争能力和关键资源的企业，其股权才值钱，没有关键资源和关键能力的公司，股权就是负债。因此，所谓股权架构设计都是有前提的，关键产品和关键服务是根本，商业模式是实学，是实实在在的资源组合，任何心存侥幸的所谓商业模式设计，本质上就是"割韭菜"模式。没有关键资源，模式根本就执行不下去。比如很多直销，就成了中间商囤货模式，导致"货到地头死"，隆力奇破产的原因就是如此。

企业的关键资源多种多样，它们可以是：

物质资产。如土地、建筑物、设备和生产线等,这些是企业运营的基础设施。

知识资产。如专利、版权、商标和技术秘密等,这些都是企业核心竞争力的重要组成部分。

财务资产。如现金、投资和应收账款等,这些是企业运营和扩张的金融支持。

品牌和渠道。如品牌知名度、市场份额和分销网络,这些是企业在市场中的定位和影响力。

人力资源。如管理团队、研发人员和熟练工人,这些是企业实现战略目标的关键要素。

合作伙伴和供应商。如长期合作的伙伴和供应商网络,这些是企业稳定运营的重要保障。

信息和数据。如客户关系数据、市场数据和运营数据等,这些都是企业决策和创新的基础。

认清关键资源是模式执行的第一步,关键资源是企业竞争优势的来源。

认清关键资源有助于企业明确自身的优势和劣势,从而制定出更具针对性的战略;认清关键资源有助于企业合理配置和优化资源,提高资源的使用效率和市场竞争力;了解企业所依赖的关键资源有助于企业对潜在的供应链风险、市场风险和财务风险等进行有效管理；明确关键资源能够引导企业进行有针对性的创新活动，增强技术研发和市场开拓的针对性；认清关键资源有助于企业制订长期发展规划，确保企业在未来仍然能够保持竞争优势。

那么如何认清关键资源呢？认清关键资源需要采取一系列的方法和步骤。

第一是资源审计，要对企业所拥有和依赖的所有资源进行全面的审查和评估，识别出具有战略意义的资源。

第二是市场分析，通过市场分析了解竞争对手的资源和能力，从而明确自身资源的优势和劣势。

第三是内部评估，评估企业内部团队的能力和专长，明确人力资源作为核心资源的价值。

第四是技术创新，持续关注行业和技术的发展趋势，及时更新企业的知识资产和技术能力。

第五是客户反馈，通过市场调查和客户反馈了解客户对企业资源的认可程度，以及这些资源对客户价值的影响。

第六是合作伙伴关系，通过评估合作伙伴和供应商网络的稳定性和可靠性，以确保企业资源的持续供应。

第七是数据驱动，通过收集和分析各种运营数据，了解资源的利用效率和潜在的改进空间。

第八是适应性调整，根据市场环境的变化和企业战略的调整，不断更新对关键资源的认识。

第九是持续学习与改进，通过组织内部培训和外部合作，不断提高团队在认清关键资源方面的能力和技巧。

认清关键资源对于企业至关重要。它能帮助企业明确自身的优势所在，从而制定出更具针对性的战略；了解关键资源有助于企业优化资源配置，提高资源的使用效率和市场竞争力。此外，认清关键资源还有助于企业进行有效的风险管理。

随着市场环境的变化和企业的发展，对于关键资源的认识也需要不断更新，不断学习和改进。综上所述，认清关键资源是商业模式顶层设计的第一步，也是企业成功的关键因素之一。只有明确了自身的优势和劣势，企业才能制定出更具针对性的战略，从而实现可持续发展和提升市场竞争力。

关键资源收费、次要资源免费模式

在商业模式顶层设计中,区分关键资源和次要资源是实现有效盈利的关键。关键资源是指对企业运营和发展具有核心价值和战略意义的资源,它对企业的盈利能力和竞争优势具有决定性影响,而次要资源则是相对而言重要性较低的资源。在此基础上,一种有效的商业逻辑是"关键资源收费、次要资源免费"。

这种模式的商业逻辑在于,通过有偿提供关键资源来获取收益,同时免费提供次要资源以增加用户黏性和吸引流量。这样既可以提高企业的盈利水平,又能增强客户忠诚度和促进口碑传播。

关键资源收费、次要资源免费模式,是一种吸积盘模式,在服务业中普遍采用的梯级收费策略就是如此。吸积盘模式原本指一种重要的天体物理现象,是由弥散物质组成的、围绕中心体转动的结构,通常出现在黑洞或中子星周围。这种模式是由于中心体的强大引力导致物质被吸附并逐渐聚集形成的。在吸积盘内,物质会因为摩擦力和引力作用逐渐螺旋下落，被吸积到中心体上。关键资源通常是企业的核心竞争力，具有稀缺性和不可替代性。对这些资源收取适当的费用，可以为企业带来可观的收益。通过免费提供次要资源，企业可以吸引更多客户并增加客户黏性。客户在使用免费资源的过程中可能会产生依赖性，从而成为长期用户。免费提供次要资源可以在客户中形成良好的口碑，通过客户的自发传播，以扩大企业的知名度和影响力。因此，关键资源收费、次要资源免费模式就像天体物理现象中的吸积盘模式，可以有效提高企业的盈利水平。

这种模式的商业逻辑可以从以下三个方面得到理论支撑。

一是价值定价理论。根据价值定价理论，商品或服务的价格应该与其提供的价值相匹配。对于关键资源，其价值较高，因此可以收取相对较高的费用；而次要资源的价值较低，就可以免费提供。

二是长尾理论。长尾理论指出，通过有效地满足细分市场的需求，企业能够获得巨大的商业机会。免费提供次要资源可以覆盖更广泛的客户群体，从而在细分市场中积累优势。

三是用户体验至上原则。提供高质量的关键资源可以带来良好的用户体验，而免费次要资源则可以进一步提升用户体验，增强客户满意度和忠诚度。

近年来，这种模式在许多行业中得到了广泛应用。

比如，微信小程序。它是微信平台上的轻量级应用程序，用户可以通过搜索或扫描二维码等方式轻松访问和使用。微信小程序平台提供了丰富的免费模板和开发工具，降低了开发门槛和成本。这吸引了大量开发者拥入微信小程序生态圈。同时，微信小程序平台通过广告投放、付费插件等方式实现盈利。这种"关键资源收费、次要资源免费"的模式推动了微信小程序的快速发展和生态繁荣。

最大的网络免费社区——GitHub作为全球最大的开源软件，其开发与管理社区是免费开放的，目前有几十亿人在使用，但是如果转入商用，就要按比例收费。

而最典型的"关键资源收费、次要资源免费"模式就是会员制商业模式，它现在风靡全世界，其根本设计原则就是免费收费组合模式。

这些案例表明，"关键资源收费、次要资源免费"是一种有效的商业模式。通过合理区分关键资源和次要资源，并采取相应的收费和免费策略，企业可以在保持客户满意度的同时，实现盈利最大化。此外，这种模式有助于企业聚焦于提升关键资源的价值，同时利用次要资源的免费优势增强客户黏性和口碑传播，从而实现商业成功。随着市场竞争的加剧和消费者需求的多样化，"关键资源收费、次要资源免费"模式将继续发挥其优势作用，为企业创造更多商业机会和价值。

关键资源爆品模式

关键资源爆品模式是指企业通过聚焦于某一关键资源,并将其打造成具有高度竞争力的爆品,以实现商业成功的模式。这种模式强调对关键资源的深度挖掘和精细化利用,通过打造独特的爆品来占领市场,获取竞争优势和口碑传播。

关键资源爆品模式的核心在于聚焦企业最具优势的资源,集中力量进行深度开发和利用。这种聚焦战略有助于企业在特定领域形成难以超越的优势。这种模式的执行需要找到一个焦点,它的设计主要依靠少数产品盈利。通过精细化的产品研发、设计和营销,将关键资源打造成具有高度竞争力的爆品。爆品具有强大的口碑效应和市场需求,能够为企业带来可观的收益和市场份额。

成功的爆品能够引领市场需求,成为消费者心目中的首选品牌。企业通过持续创新和优化,巩固爆品的市场地位,从而长期保持竞争优势。

爆品在市场上获得成功后,会形成良好的口碑传播,吸引更多潜在客户。这种口碑效应有助于降低营销成本，提高客户转化率。

规模经济理论指出，在一定时间内，随着生产规模的扩大，单位产品的成本会逐渐降低，从而实现盈利最大化。关键资源爆品模式通过深度开发和聚焦优势资源，可以实现规模经济效应，从而降低生产成本。

产品差异化理论认为，企业可以通过提供与众不同的产品或服务来获取竞争优势。关键资源爆品模式注重打造独特的爆品，实现产品差异化，以满足消费者对独特性的追求。

市场定位理论强调企业应根据自身优势和市场需求进行精准定位。关键资源爆品模式正是基于对自身优势和市场需求的准确把握，将关键资源打造成为满足特定需求的爆品。

那么如何运用关键资源爆品模式呢？

首先，要识别关键资源，就要深入分析企业内部的资源和能力，准确识别出最具优势和潜力的关键资源。这需要对市场、消费者和竞争对手进行深入研究。

其次，进行精细化开发，对选定的关键资源进行精细化开发和利用，加大投入力度，从产品设计、品质控制、用户体验等方面打造独特的竞争优势。

再次，明确目标市场和目标客户，根据市场需求进行产品设计和功能定位，确保产品能够满足客户需求并引领市场趋势。

又次，通过创新的营销策略和渠道布局，提高产品知名度和品牌影响力。利用社交媒体、内容营销等手段提升用户互动和口碑传播。

最后，持续优化改进，根据市场反馈和用户需求，持续优化改进产品，来确保产品始终保持竞争力。同时关注行业动态和技术创新，及时调整战略方向。

特斯拉电动汽车的成功就是关键资源爆品模式的典型案例。特斯拉将自身最具优势的资源和能力集中在电动汽车领域，通过深度开发和精细化利用，打造出了具有高度竞争力的爆品。特斯拉电动汽车在设计、性能和创新方面引领了市场需求，成为消费者心目中的首选品牌。同时，特斯拉还通过创新的营销策略和强大的品牌影响力，实现了口碑传播和市场份额的持续增长。

花仙子和植物医生这两个品牌的面膜也是典型的爆品模式案例，它们成功地利用了特殊原料这一关键资源。特殊原料在面膜中起到了至关重要的作用，因为它们可以为皮肤提供必要的营养和水分，改善肌肤状况，增加肌肤弹性，减少皱纹。

在花仙子的面膜中，特殊原料主要来源于花卉和其他天然植物。花卉富含多种维生素、矿物质和抗氧化剂，可以深层清洁皮肤，减少炎症和敏感，同时为皮肤提供必要的营养。其他天然植物也具有类似的功效，可以为皮肤提供天然的防护和滋养。

植物医生的面膜则主要利用了高山植物这一特殊原料。高山植物生长在寒冷、缺氧的环境中，因此它们具有非常高的营养成分和抗氧化剂含量。这些成分可以深层滋养皮肤，提高皮肤的弹性和光泽度，使皮肤更加健康和年轻。

除了特殊原料外，花仙子和植物医生的面膜还采用了高品质的膜布和生产工艺。膜布透气性好、吸水性强，就可以更好地承载和释放特殊原料。高品质生产工艺，就可以保证产品的安全性和有效性。

总之，花仙子和植物医生的面膜之所以能够成为爆品，主要是因为它们成功地利用了特殊原料这一关键资源，并结合了高品质的膜布和生产工艺。这种基于特殊原料的关键资源爆品模式可以为消费者提供更好的产品体验，从而实现商业成功。

上面的案例充分展示了关键资源爆品模式的商业逻辑。

切分一个企业壁垒的细分市场

企业壁垒通常指企业在市场竞争中形成的独特优势，这些优势可能包括技术、品牌、渠道、规模等方面。企业壁垒能够使企业在市场中保持领先地位，并防止竞争对手进入，从而保持企业的竞争优势。

细分市场是指根据消费者的需求、偏好和特征，将整体市场划分为若干个具有相似特征的子市场。每个细分市场内部消费者需求的相似性较高，而不同细分市场之间需求的差异性较大。企业可以根据自身的能力和资源，选择一个或多个细分市场进行经营和竞争。

为什么要切分一个企业壁垒的细分市场呢？因为切分一个企业壁垒的细分市场可以帮助企业在竞争激烈的市场中获得优势地位。

通过进入企业壁垒的细分市场，企业可以获得独特的竞争优势，因为该市场竞争对手通常较少或者竞争对手难以模仿。这种差异化优势可以帮助企业在市场中脱颖而出，提高品牌知名度和客户忠诚度。

企业壁垒的细分市场通常具有较高的市场需求和盈利能力。进入这样的市场，企业可以获得更高的回报率和更快的成长速度。

通过切分一个企业壁垒的细分市场，企业可以占据该市场的领先地位，建立起自己的品牌和渠道优势，从而有效地防止其他竞争对手的进入。

最佳商业模式都是守住了自己的细分市场，不仅要切分出来，还要守得住，做到数一数二才能有生存机会。细分市场价值最大化模式，就是专精特新模式，守住关键材料，就能够成为某些产业的"收费站"，收费站模式思维很实用，市场不大不小，大企业不屑于争，小企业争不过自己，这样的企业地位就会相对稳固。

那么如何切分一个企业壁垒的细分市场呢？

切分一个企业壁垒的细分市场需要经过以下几个步骤。

首先要深入分析市场需求，对企业壁垒的细分市场进行深入的分析和研究，了解消费者的需求、偏好以及购买行为特征。通过深入的市场分析，可以发现消费者未被满足的需求或者新的消费趋势。

然后创新产品和服务，根据市场需求分析的结果，创新满足消费者独特需求的产品和服务。这种创新可以是产品功能的改进、服务模式的创新或者营销策略的调整。

在进入企业壁垒的细分市场后，建立起自己的品牌和渠道优势，以提升消费者的认知度和忠诚度。通过有效的品牌传播和渠道布局，可以提高企业在市场中的影响力和竞争力。

在切分企业壁垒的细分市场过程中，还需要持续关注市场的变化和消费者的反馈，并不断优化和调整，产品、服务和营销策略。通过持续的创新和改进，企业就可以保持竞争优势，并巩固市场地位。

共享单车市场的兴起就是切分企业壁垒的细分市场的典型案例。共享单车企业在竞争激烈的市场中通过选择不同的细分市场进行差异化竞争。

其中摩拜单车注重高端市场，强调车辆的质量和用户体验。通过提供高品质的单车和智能化的服务，摩拜单车在高端市场中占据了较大的份额。

而 ofo 小黄车则聚焦于大学生和年轻白领群体，以低价策略和便捷的移动支付吸引了大量用户。同时，ofo 小黄车也注重校园市场的开拓，成为大学生的首选品牌。

哈啰单车则主打中端市场，通过提供稳定可靠的服务和相对合理的价格，满足了广大用户的需求。哈啰单车的定位使其在市场中占据了一席之地。

这三个共享单车品牌通过切分企业壁垒的细分市场，各自占据了不同的市场份额，形成了差异化竞争的格局。这证明了切分企业壁垒的细分市场对于企业在竞争激烈的市场中，获得优势地位的重要性，也充分展示了如何通过切分企业壁垒的细分市场来实现商业成功。

可吸引投资人的商业模式

投资人通常倾向于投资具备以下特点的商业模式。

一是高成长潜力。投资人寻求的是高回报，因此商业模式需要有足够的成长潜力，要能在未来带来巨大的经济利益。

二是创新性。具有创新性的商业模式往往能打破传统，为市场带来新的价值。这样的商业模式对投资人来说更有吸引力。

三是可复制性。成功的商业模式应该具备在多个地点或市场中复制的能力。这可以扩大企业的规模，并为投资人带来更大的回报。

四是低风险。在保证高回报的同时，投资人也会考虑风险。成功的商业模式应能降低投资风险，并提供稳定的回报。

五是清晰的盈利模式。投资人希望看到企业有明确的盈利路径和可行的商业模式。这有助于预测未来的收益并降低投资风险。

近年来，随着科技的发展和市场环境的变化，以下四种商业模式吸引了大量的投资人。

一是共享经济模式。以共享单车、共享汽车等为代表，这种模式通过优化资源配置，降低消费门槛，吸引了大量用户和投资人。

二是电子商务模式。随着电子商务的兴起，许多电商平台如阿里巴巴、京东等吸引了大量的投资。这种模式改变了消费者的购物习惯，为企业带来了巨大的商业机会。

三是互联网金融模式。通过互联网提供金融服务，如在线支付、P2P借贷等，这些企业利用互联网的便利性和广泛覆盖，创造了新的商业价值。

四是人工智能与大数据模式。人工智能和大数据技术的结合为企业提供了强大的数据分析能力,创造了精准营销、智能推荐等商业模式,吸引了大量的投资。

历史上,有些商业模式因其独特的创新性和高回报也吸引了大量的投资人。

一是微软的操作系统与办公软件。微软凭借其操作系统和办公软件在个人电脑时代取得了巨大的成功,吸引了大量的投资。其商业模式基于对技术的深度挖掘和市场的精准定位。

二是亚马逊的电子商务与云计算。亚马逊作为全球最大的电子商务平台,其成功的商业模式不仅体现在零售业务,更体现在云计算服务AWS的创新与市场拓展。这种模式为亚马逊带来了巨大的增长潜力,吸引了大量的投资。

三是苹果的硬件与软件一体化。苹果通过将硬件与软件完美结合,创造了具有影响力的产品,如iPhone、iPad等。这种一体化商业模式为苹果带来了稳定的收入和市场份额,从而吸引了大量的投资。

当前,随着科技的发展和市场环境的变化,以下九种商业模式将最吸引投资人。

一是人工智能与机器学习应用。人工智能与机器学习技术在各行业的广泛应用正在创造新的商业机会。从自动驾驶到智能客服,这些创新的应用正吸引大量的投资。

二是区块链技术与加密货币。区块链技术作为一种去中心化的数据库技术，其安全性和可追溯性为许多行业提供了新的解决方案。加密货币如比特币的发展也引起了关注，并获得了大量的投资。

三是生物技术与医疗健康。随着人口老龄化和健康意识的提高，生物技术与医疗健康领域的企业正吸引大量的投资。从基因编辑到个性化医疗，这些创新的技术为市场带来了巨大的潜力。

四是可再生能源与绿色科技。随着环保意识的提高和政策的推动，可再生能源与绿色科技企业正成为投资的热点。这些企业致力于推动可持续发展，为市场提供了清洁、高效的能源解决方案。

五是虚拟现实（VR）与增强现实（AR）。VR 和 AR 技术为娱乐、教育、医疗等领域提供了全新的用户体验。这些新兴的技术为企业提供了新的商业机会，吸引了大量的投资。

六是数字化教育与在线学习平台。随着在线教育的兴起，数字化教育与在线学习平台正成为新的投资热点。这些平台利用互联网的优势，为用户提供了灵活、高效的学习方式，从而吸引了大量的用户和投资。

七是新型金融科技与区块链应用。金融科技与区块链技术的进一步发展将为投资者提供新的商业模式。从更高效的支付系统到智能合约的应用，这些新兴技术将为企业带来巨大的商业潜力。

八是新零售与智能商业。结合线上线下，利用大数据和人工智能技术提供个性化服务和精准营销的新零售模式将继续吸引投资。智能商业将重塑消费者的购物体验，提升企业的运营效率。

九是数字化社会与共享经济的新形态。数字化社会的发展将推动共享经济的进一步演变。从数据共享到技能共享，新的共享经济形态将为投资者带来新的商业机会。

总之，吸引投资人的商业模式需要具备创新性、高成长潜力、可复制性和低风险等特点。未来，自动化与智能化生产、智能物流与供应链管理、定制化服务与体验等商业模式可能成为新的投资热点。同时，可持续性和环保产业、虚拟现实与增强现实、数字化教育与在线学习等领域也将继续吸引投资者的关注。

第五章
模式顶层设计执行就是要创造新的增量

商业模式设计推动新增量

新增量是指企业在原有业务的基础上，通过创新商业模式、拓展业务范围或优化运营流程等方式，来实现业务规模和收入的增加。新增量是企业持续发展的关键，也是商业模式顶层设计执行的重要目标。

模式在多数情况下都是战略的执行系统，模式创新的目的是扩大市场，商业模式的设计需要扩大用户群体，进入没有进入的市场。对于经营者来说，空间永远是最有诱惑力的，往往很多商业模式没问题的企业，但因不进入新的市场，从而导致了失败。

新增量体现在以下五个方面。

一是收入增长。通过开发新产品、拓展新市场或提高生产效率等方式，增加企业收入。

二是用户增长。通过提高产品质量、优化用户体验或扩大品牌影响力等方式，吸引更多用户。

三是市场份额增长。通过提高市场占有率、扩大销售渠道或加强营销推广等方式，增加企业在市场中的份额。

四是资源整合。通过优化资源配置、降低成本或提高资源利用效率等方式，实现企业整体效益的提升。

五是生态圈建设。通过搭建合作平台、拓展合作伙伴关系或整合产业链等方式，构建互利共赢的商业生态圈。

那么商业模式设计如何推动新增量呢？

通过创新产品或服务，满足用户需求，增加市场份额。例如，共享单车企业通过提供便捷、实惠的共享单车服务，吸引了大量用户，实现了市场份额的增长。

通过优化价值链，降低成本，提高效率，从而实现企业整体效益的提升。例如，电商企业通过优化物流配送体系，降低物流成本，提高了整体利润率。

通过拓展业务范围，增加收入来源，提高企业盈利能力。例如，餐饮企业通过开设外卖业务，增加了新的收入来源，提高了市场份额。

通过创新的营销策略，提高品牌知名度和用户黏性，增加市场份额。例如，社交媒体平台通过精准推送广告和个性化推荐算法，吸引了大量用户和广告主，实现了收入和市场份额的增长。

通过与其他企业合作，实现资源共享、优势互补，共同开拓市场。例如，汽车制造商与能源公司合作推广电动汽车充电桩项目，共同开拓电动汽车市场。这种合作共赢的模式可以实现双方利益的最大化。

通过持续创新，保持企业在市场中的竞争优势。例如，苹果公司不断推出具有影响力的产品和服务，如iPhone、iPad、Apple Watch等，持续引领市场潮流。这种持续创新的精神是推动新增量的关键因素之一。

通过数据分析了解用户需求和市场趋势，制定更加精准的商业决策。例如，电商企业利用大数据分析用户购物行为和喜好，优化了产品推荐和营销策略，提高了转化率和用户满意度。这种数据驱动的决策方式可以为企业带来更多的增量。

通过构建一个完整的生态系统，提供一站式的解决方案，满足用户多样化需求。例如，亚马逊通过打造完善的电商生态系统，提供购物、物流、支付等一系列服务，让用户在亚马逊平台上能完成所有购物需求。这种生态系统可以吸引更多用户和商家，推动新增量的增长。

通过优化组织结构和管理模式，提高企业效率和执行力。例如，采用扁平化组织结构的企业可以更快地响应市场变化和用户需求；采用敏捷管理模式的企业可以更好地应对项目复杂性和不确定性。这些组织和管理模式的优化可以释放企业潜力，推动新增量的增长。

通过培养优秀的人才和建立有效的激励机制，激发员工的创造力和积极性。例如，企业可以提供内部培训和发展机会，吸引和留住人才；同时建立合理的薪酬和奖励制度，激励员工为企业创造更多价值。人才是推动新增量的重要资源之一，培养和激励人才可以有效促进企业的发展。

短线增长力是商业模式执行的现实

短线增长力是指企业在短期内的盈利能力和业务扩张能力。这种能力主要体现在企业能够快速抓住市场机会、提高市场份额、增加收入和利润等方面。短线增长力是企业商业模式执行的重要目标之一，也是企业在竞争激烈的市场中保持竞争力的关键。

在商业模式的设计和执行过程中，短线增长力是一个不容忽视的现实问题。

在商业竞争中，短期的市场变化和需求波动对企业的影响非常大，如果不能有效地实现短线增长，企业可能会面临资金链断裂的风险。很多企业都因现金流断裂而破产，这些企业虽然具备很强的能力，但在模式执行的过程之中，却错配了资源，导致投入无法及时回收。商业模式设计需要做计划，企业需要鼠目寸光和仰望星空的结合，短线增长力是企业生存和发展的基础。有些企业过于关注长线增长，从而忽视了短线的现实挑战，如果忽视了短期内的现金流管理和风险控制，一旦市场出现波动或竞争加剧，企业的现金流就可能出现问题，甚至导致破产。在设计短期商业模式的时候，需要一定的铁血精神和KPI强管理的特质。在模式设计中，要优先照顾短期增量。尽早盈利，模式和企业才能够生存下来。绝大多数中小企业模式设计都卡死在这里了。因此，短线增长力是商业模式执行的关键因素之一，需要引起足够的重视。

短线增长力是商业模式执行的现实，主要体现在以下五个方面。

一是快速响应市场变化。在竞争激烈的市场环境中，企业需要快速响应市场变化和用户需求，抓住市场机会。而具有短线增长力的企业往往能够迅速调整业务策略、推出新产品或服务，满足市场需求，从而获得更多的市场份额和收入。

二是提高运营效率。短线增长力要求企业具备高效的运营管理能力，通过优化流程、降低成本、提高生产效率等方式，实现盈利能力的提升。这种能力可以帮助企业在短期内提高业绩，并为长期发展奠定基础。

三是资本运作与投资回报。短线增长力往往需要企业进行资本运作和投资。企业可以通过投资、并购等方式获取更多的资源、市场份额和人才,实现业务的快速扩张。同时,企业需要确保投资回报率,保证资本运作的有效性和盈利性。

四是品牌建设与市场营销。短线增长力需要企业在市场营销和品牌建设方面进行有效的投入。通过精准的定位、优质的产品或服务、创新的营销策略等方式,来提高品牌知名度和用户忠诚度,以增加市场份额和销售收入。

五是风险控制与稳健发展。短线增长力并不意味着盲目扩张和忽视风险。企业需要在追求短线增长的同时,注重风险控制和稳健发展。通过合理的财务规划、风险管理措施等方式,确保企业在追求短线增长的同时能够保持稳定和可持续的发展态势。

通过商业模式的执行来提升短线增长力的典型案例有以下两个。

一是快手模式。快手是一款短视频社交平台,通过快速迭代产品和精准的用户定位,吸引了大量年轻用户。快手注重用户体验和内容创新,不断推出新功能和优化算法,提高了用户活跃度和黏性。这种快速响应市场变化的能力让快手在竞争激烈的市场中脱颖而出,实现了短线增长。

二是滴滴出行模式。滴滴出行通过快速扩张和资本运作,在短时间内成为全球最大的出行平台。滴滴出行注重用户体验和司机服务,通过优惠券、红包等营销手段吸引了用户和司机，同时不断优化派单算法和路线规划，提高了运营效率。这种短线增长力的表现让滴滴出行在竞争激烈的市场中占据了主导地位。

综上所述，短线增长力是商业模式执行的现实，是企业实现快速盈利和业务扩张的关键。在竞争激烈的市场环境中，企业需要注重市场变化、运营效率、资本运作、品牌建设等方面的发展，以实现短线增长力的提升。同时，企业需要保持风险控制和稳健发展的态度，确保在追求短线增长的同时能够保持稳定和可持续的发展态势。

长线增长力是模式执行的追求

长线增长力是指企业在长期内的竞争力和可持续发展能力。这种能力主要体现在企业能够不断创新、提高核心竞争力和品牌影响力、实现持续增长和长期盈利等方面。长线增长力是企业商业模式执行的追求目标，也是企业实现长期成功和可持续发展的关键。

商业模式的顶层设计就是要逃过一轮又一轮的市场清洗，商业模式战略执行是个大学问，短期商业模式赚钱之后，就需要做长线增长力，积累核心能力和战略资源，并要让这种能力和资源在下一轮模式竞争之中不被夺走，同时也要树立不仅能够激励自己，也能够激励用户跟自己一起走的伟大目标。

长线增长力是企业模式运营的一条持久的暗线，需要有耐心和韧性。

长线增长力是商业模式执行的追求，主要体现在以下五个方面。

一是创新能力和核心技术。长线增长力的企业具备强大的创新能力和核心技术，要能够不断推出具有竞争力的产品和服务，引领行业发展和技术进步。这种创新能力可以为企业带来持续的竞争优势和市场份额增长。

二是品牌影响力和口碑效应。长线增长力的企业注重品牌影响力和口碑效应，通过提供优质的产品和服务、打造独特的品牌形象等方式，来提高品牌知名度和美誉度。这种品牌影响力和口碑效应可以为企业带来更多的用户和市场份额，促进企业的长期发展。

三是生态圈建设和合作伙伴关系。长线增长力的企业注重生态圈建设和合作伙伴关系的培养，通过与其他企业合作、构建互利共赢的商业生态圈等方式，实现资源共享、优势互补，共同开拓市场。这种生态圈建设和合作伙伴关系可以为企业提供更多的发展机会和资源。

四是组织文化和人才培养。长线增长力的企业具备强大的组织文化和人才培养体系，不仅能够吸引和留住优秀人才，还能够激发员工的创造力和积极性。同时，企业还注重组织文化的传承和发展，能够保持企业文化的核心价值观和使命感，进而为企业的长期发展提供强大的精神支撑。

五是社会责任和可持续发展。长线增长力的企业注重社会责任和可持续发展，通过环保、公益等方式回馈社会，实现企业的社会价值和经济价值的双重提升。这种社会责任和可持续发展能力可以提高企业的声誉和形象，为企业带来更多的商业机会和竞争优势。

星巴克模式是通过商业模式的执行来追求长线增长力的典型案例。

星巴克注重品质、品牌和企业文化，通过提供优质的产品和服务、打造独特的消费体验等方式，赢得了消费者的忠诚和口碑。同时，星巴克积极履行社会责任和可持续发展，关注环境保护和社会公益事业。这种长线增长力的表现让星巴克成为全球知名的咖啡品牌之一，实现了持续的增长和发展。

万华是一家以生产聚氨酯产品为主的化工企业，其在发展过程中，通过不断探索和创新，实现了商业模式的转型升级。在聚氨酯市场中，万华以其高品质的产品和创新能力占据了一席之地。同时，万华还注重营销策略的制定和实施，通过精准的市场定位和创新的营销手段，来不断提高品牌知名度和市场份额。

在商业模式方面，万华采取了"技术+服务"的模式，不断推动着产品的升级换代，并通过提供全方位的服务，增强了客户黏性和忠诚度。此外，万华还通过与全球领先的化工企业合作，引进了先进的技术和设备，从而提高了自身的核心竞争力。

在机制方面，万华注重企业内部的创新和激励机制的建立。通过设立创新奖励、员工持股等方式，激发了员工的积极性和创造力。同时，万华还建立了完善的风险控制机制，保障了企业的稳健发展。

通过商业模式和机制的创新，万华实现了长期的增长力。在聚氨酯市场中，万华的销售额和市场份额逐年增长，成为行业的佼佼者。同时，万华的成功经验也被广泛传播和借鉴，成为中国化工行业转型升级的典范。

总之，万华通过商业模式和机制的创新，实现了长期的增长力，并被称为中国的巴斯夫。这充分说明了创新在企业发展中的重要性。

综上所述，长线增长力是商业模式执行的追求目标，是企业实现长期成功和可持续发展的关键。在竞争激烈的市场环境中，企业需要注重创新、品牌建设、生态圈构建、组织文化和人才培养等方面的发展，以实现长线增长力的提升。同时，企业还需要关注社会责任和可持续发展，为社会的繁荣和进步做出贡献。

商业模式设计的六个关键要素

商业模式设计的要素众多，其中最为关键的六个要素是目标客户、价值主张、关键业务、渠道通路、重要伙伴、收入来源，这里将逐一分析它们的重要性和执行方法。这些要素对于创造新的增量具有决定性的作用。

目标客户是商业模式设计的起点，也是商业模式的灵魂。一个成功的商业模式首先要明确自己的目标客户是谁，他们的需求和期望是什么。只有深入了解目标客户，才能设计出真正符合他们需求的商业模式。

执行方法：深入研究目标客户的消费行为、需求、生活方式和价值观，通过市场调查、用户访谈、数据分析等方式，不断优化产品或服务，以满足他们的需求。

重要性和作用：明确目标客户能使企业精准定位市场，避免盲目扩张和资源浪费；了解客户需求有助于开发出真正满足市场需求的产品或服务；深入了解客户能提高客户满意度和忠诚度，从而增加客户黏性。

价值主张是商业模式的灵魂，它描述了企业将提供什么样的产品或服务给目标客户，以及这些产品或服务能解决客户的什么问题。一个清晰的价值主张能帮助企业在竞争激烈的市场中脱颖而出。

执行方法：明确并持续优化价值主张，从产品或服务的特性、优势、品牌、价格等方面体现其价值。

重要性和作用：一个独特的价值主张能帮助企业与竞争对手区分开来；明确的价值主张有助于企业在内部统一思想和行动；清晰的价值主张能更好地吸引和留住目标客户。

关键业务描述了企业为实现价值主张必须采取的关键活动和决策。它是商业模式的骨架，支撑着整个商业模式的运行。

执行方法：对企业所需的关键业务进行明确的规划和执行，包括研发、生产、营销、销售等环节。

重要性和作用：明确关键业务能使企业集中资源和精力，确保核心业务的顺利开展；关键业务是实现价值主张的保障，有助于企业在竞争中保持领先地位；明确关键业务能提高企业的运营效率和盈利能力。

渠道通路描述了企业如何将产品或服务传递给目标客户。一个有效的渠道通路能提高企业的市场覆盖率，并降低营销成本。

执行方法：根据目标客户的特性和需求，选择合适的销售渠道和推广方式，如线上平台、实体店铺、社交媒体等。

重要性和作用：有效的渠道通路能帮助企业扩大市场份额，提高销售额；合理的渠道策略能降低企业的营销成本；多元化的渠道通路能提高企业的市场应变能力。

重要伙伴是商业模式中不可或缺的一部分。企业只有与供应商、经销商、物流服务商等合作伙伴共同协作，才能实现商业模式的顺利运转。

执行方法：选择合适的合作伙伴，建立长期稳定的合作关系，共同实现商业价值。

重要性和作用：合适的合作伙伴能为企业提供优质的产品或服务，降低生产成本；与合作伙伴共同开拓市场能提高企业的竞争力；稳定的合作伙伴关系能降低企业的经营风险。

收入来源是商业模式的财务表现形式，也是商业模式设计中最为关键的要素之一。一个稳定的收入来源是确保企业长期盈利的基础。

执行方法：设计多样化的收入来源，如产品或服务的销售收入、授权收入、广告收入等；同时要关注收入的质量和可持续性。

重要性和作用：稳定的收入来源能为企业提供持续的现金流，保障企业的正常运营；多样化的收入来源能降低企业的经营风险；高质量的收入能提高企业的盈利能力。

以上六个关键要素共同构成了商业模式设计的核心框架。在实际操作中，企业需要根据自身的特点和市场需求，灵活运用这些要素，以创造新的增量。通过深入了解目标客户需求，企业可以开发出独特的产品或服务，从而在市场中获得竞争优势；通过明确关键业务和优化运营流程，可以提高企业的效率和盈利能力；通过选择合适的合作伙伴和开拓多元化的收入来源，可以降低企业的经营风险并实现持续发展。因此，这六个关键要素在实际操作中的运用和执行是创造新增量的关键所在。

随着市场环境的不断变化和技术的快速发展，商业模式的设计也需要不断地创新和优化。这六个关键要素为企业提供了一个参考框架，但企业在实际操作中还需要根据市场变化和自身发展需求进行灵活调整。通过不断地尝试和改进，企业就可以找到最适合自己的商业模式，从而实现商业价值的最大化。

特别值得一提的是，商业模式设计忌讳"一锤子买卖"，开拓新市场要不忘老市场，要引入灰度思维。旧模式能够盈利就保留，新模式能够扩张就扩张。商业模式要照顾老客户，跟老客户一起成长。客户网络一定是一个一个服务好，然后积累起来的。商业模式连续才能给企业带来长期主义的价值。比如，I Do 钻戒的破产，就是因为一次性买卖。因此只有设计可持续的商业模式，才能够带来增长。

第六章
裂变成为模式顶层设计执行的标准工作

营销突破依然是模式设计的重中之重

在商业模式顶层设计中,营销突破被视为重中之重。这不仅因为传统营销观念的影响力,更在于现代营销环境的变化和商业竞争的加剧。现在,营销不再仅仅是一个辅助手段,而是商业模式成功与否的关键因素。

传统营销观念主要关注产品本身,强调产品的功能、质量、价格等属性。企业通过大规模的广告宣传和促销活动,试图吸引潜在客户的注意力并促使其购买。这种方式在物质匮乏或信息不对称的时代效果显著,但随着消费者需求的多样化和市场竞争的加剧,其局限性也日益凸显。

现代营销观念则更加注重消费者的心理需求和情感体验。企业通过深入了解目标客户的需求和期望，制定个性化的营销策略，为客户提供了超越产品本身的价值。这不仅涉及产品本身，还包括品牌、服务、体验等多个方面。现代营销更加强调与客户的互动和关系的建立，追求长期利益而非短期销售。

在当今商业环境中，营销的地位已经变得越来越重要。商业模式在战略执行过程中，事实上是偏重于营销的。从某种程度上，商业模式是由营销主导的，因此在模式执行的过程中，资源往往会向营销倾斜。尤其是在高度竞争的成熟产品和红海市场中，商业模式的设计几乎等同于营销战略和战术的设计。这是一个普遍的业界现象。

以营销驱动为引擎的公司，本质上就是裂变模式的拥趸者。这类公司注重通过创新的营销策略和强大的执行力，来实现业务的快速增长和市场份额的扩大。他们深知在市场竞争激烈的环境中，只有通过精准的市场定位和创新的营销策略，才能吸引并保证消费者的关注。

在商业模式的设计中，分销渠道和客户关系管理是至关重要的环节。以餐饮企业为例，分销渠道的选择直接影响着餐厅的盈利能力和市场份额。通过合理的分销渠道设计，餐厅可以更有效地吸引顾客、提高品牌知名度和增加销售额。而客户关系管理则是保持顾客忠诚度和提高客户满意度的重要手段。通过建立良好的客户关系，餐厅可以更好地了解客户需求，提供个性化的服务和体验，从而增加回头客和口碑传播。

在中国市场，营销驱动的商业模式尤其具有现实意义。由于众多中国企业缺乏核心技术优势和创新动力，因此，如何通过有效的营销策略打开市场、提升品牌价值，就成为这些企业生存和发展的关键。在这样的背景下，许多中国企业开始注重营销战略的制定和实施，尝试通过创新的营销手段来提升品牌知名度和市场份额。

以手机行业为例，中国市场上存在着众多本土品牌。这些品牌在技术和品质上可能无法与国际大牌竞争，因此，它们必须依靠独特的营销策略来吸引消费者。一些手机品牌通过与热门IP合作，推出限量版联名手机，借此吸引粉丝购买；另一些品牌则通过线上社交媒体营销和KOL合作，提高品牌曝光度和用户黏性。这些创新的营销策略帮助中国手机品牌在激烈的市场竞争中立足。

裂变模式在中国市场也具有广泛的应用前景。裂变模式强调通过用户自推广来实现业务的快速增长。在中国，由于人口基数庞大且社交媒体发达，裂变模式具有巨大的潜力。许多企业通过构建裂变生态圈，利用社交媒体等平台实现了用户自推广和流量转化，取得了显著的成功。例如，拼多多等社交电商平台通过用户分享、好友助力等方式实现快速扩张，成为电商行业的"黑马"。

综上所述，营销在商业模式的设计和执行过程中发挥着至关重要的作用。无论是餐饮业还是手机行业，成功的商业模式往往离不开精准的市场定位、创新的营销策略和强大的执行力。随着市场竞争的日益激烈和消费者需求的不断变化，企业需要不断创新营销策略和商业模式，以适应市场的变化并赢得消费者的青睐。

在商业模式顶层设计中，营销的重要性主要体现在以下四个方面。

一是市场定位与细分。通过营销策略，企业能够明确自己在市场中的定位，并针对特定群体进行精准营销，从而提高营销效率和转化率。

二是品牌建设与维护。品牌不仅是标识，更是消费者对产品的信任和忠诚度的体现。通过有效的营销活动，企业能够提升品牌知名度和美誉度，从而增强用户黏性。

三是产品推广与渠道拓展。营销是产品从生产到消费的重要桥梁。通过多元化的营销手段，企业能够更好地推广产品并拓展销售渠道，实现商业模式的快速扩张。

四是客户关系管理。营销不仅是销售产品，更是与客户建立长期关系的过程。有效的客户关系管理能够为企业带来持续的商业机会。

在当今竞争激烈的市场环境中，同质化产品层出不穷，消费者选择众多。营销已成为企业实现差异化竞争、吸引目标客户的关键。一个成功的营销策略不仅能够迅速提升销售额，更能为企业树立独特的品牌形象和市场地位。

在商业模式顶层设计中，营销设计需要综合考虑以下五个方面。

一是深入了解目标客户。深入研究目标客户的心理需求、消费习惯、价值观等，以便制定更加精准的营销策略。

二是价值传播。明确并传播企业独特的价值主张，通过有吸引力的内容、活动和渠道，传递给目标客户。

三是品牌形象塑造。根据商业模式的特点，塑造与之相匹配的品牌形象，提升品牌影响力。

四是客户关系管理。运用数据分析和个性化营销手段，建立稳固的客户关系，提高客户满意度和忠诚度。

五是持续创新。不断调整和优化营销策略，以适应市场变化和客户需求的变化。

在商业模式顶层设计中，我们还可以借鉴现代营销理论来指导营销设计。例如，整合营销传播理论（IMC）强调通过多元化的传播手段，来实现与客户的双向沟通；客户关系管理理论（CRM）则关注客户价值的挖掘和维护；而体验营销则更注重消费者的参与和情感体验。

美国高端有机食品连锁超市"全食食品"在商业模式顶层设计中，营销突破占据着至关重要的地位。

全食食品在聚焦高端市场的过程中，通过精准的营销策略实现了商业模式的成功落地。全食食品将目标客户定位为注重健康、追求品质的中高端消费者，并通过一系列营销活动，成功塑造了高端、专业的品牌形象。

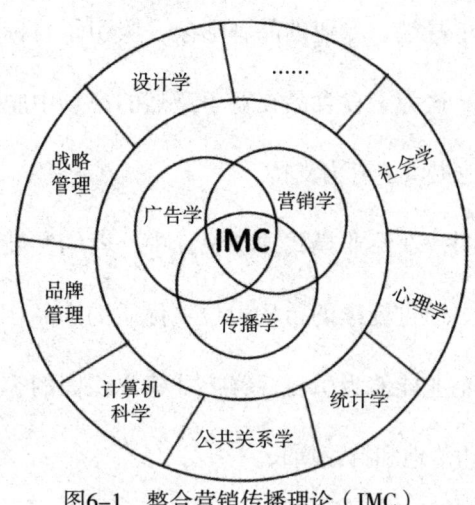

图6-1　整合营销传播理论（IMC）

首先，全食食品通过精选供应商和严格的质量控制，确保了所售商品均为有机、天然、健康的高品质食材。在营销中，全食食品强调其产品的稀缺性和独特性，吸引了大量追求独特美食体验的消费者。

其次，全食食品注重与消费者的互动和体验。在店面布局和陈列上，全食食品采用开放式的布局和明亮的照明，营造出了宽敞、舒适、卫生的购物环境。此外，全食食品还提供各类美食讲座、烹饪演示和品酒活动，通过加强与消费者的互动，提高了客户黏性和忠诚度。

最后，全食食品还通过会员制度和积分奖励计划，回馈忠诚客户。会员制度提供了一系列的优惠措施和专属服务，如会员专享折扣、优先购买特定商品等。积分奖励计划则鼓励消费者增加购买量，并为其提供额外的奖励和回馈。

通过精准的定位、优质的产品、互动的体验和回馈客户的制度，全食食品成功塑造了高端、专业的品牌形象，吸引了目标客户并保持了较高的客户忠诚度。这为全食食品在竞争激烈的市场中脱颖而出，实现商业模式的成功落地提供了有力支持。

这一案例表明，在商业模式顶层设计中，营销突破是实现商业成功的重要因素之一。通过精准的市场定位、优质的产品、互动的体验和回馈客户的制度，企业能够吸引目标客户并建立稳固的客户关系，从而实现商业模式的成功落地和持续增长。

数字时代典型的裂变商业模式回顾

随着科技的飞速发展和数字化的深入推进，我们正迅速进入一个以数据和连接为核心的数字时代。

数字时代是指以信息技术为基础，将物理世界与数字世界相结合，通过数据和连接创造价值的时代。这个概念的形成与数字化技术的发展密不可分。数字化技术始于 20 世纪 50 年代的计算机发明，其初衷是进行大规模的数据处理和计算。随着技术的不断进步，数字化逐渐从学术领域扩展到商业和日常生活中，成为推动社会进步的重要力量。

这一时代的特征主要体现在以下三个方面。

一是数据驱动。数字时代的企业运营和决策越来越依赖于数据分析，通过对大数据的挖掘和运用，企业能够更精准地把握市场需求和消费者行为。

二是连接与社交。数字时代促进了人与人、人与物、物与物之间的连接。社交媒体的兴起、物联网技术的发展，使得企业能够与消费者、供应商以及其他利益相关者建立更为紧密的关系。

三是快速迭代与创新。数字时代的另一个显著特征是产品和服务的快速迭代。企业需要不断创新以适应市场的快速变化，满足消费者多样化的需求。

数字时代的发展历程可以分为以下四个阶段。

一是初始阶段（20世纪50—80年代）。计算机的发明和应用主要集中在军事、科研和大型企业等领域，这一时期的数字化技术主要用于解决复杂的数据处理问题。

二是个人计算机时代（20世纪80—90年代）。随着微处理器和操作系统的出现，个人计算机开始进入家庭和企业，人们开始广泛使用电子表格、文字处理、数据库等工具，实现了初步的数据处理和信息管理。

三是互联网时代（20世纪90—21世纪初）。互联网的普及使得信息传递和交流变得更为便捷。人们可以通过网页浏览器访问各类信息，进行在线购物、社交、学习等活动，数字化开始深入到人们的生活中。

四是移动互联与社交媒体时代（21世纪初至今）。随着智能手机的普及和社交媒体的发展，人们可以随时随地在线连接并与他人交流。这一时期，数字化不仅改变了信息传递的方式，还催生了诸如云计算、大数据、人工智能等先进技术，为各行各业带来了巨大的商业价值。

裂变商业模式是数字时代的一种典型商业模式，它的诞生和发展与数字时代的特征密切相关。具体来说，数字时代为裂变商业模式的出现提供了以下六个方面的条件。

一是技术基础。数字时代催生了云计算、大数据、物联网、人工智能等先进技术，这些技术的发展为裂变商业模式的实施提供了技术支持。例如，云计算使得企业可以构建灵活的、可扩展的数字平台，而大数据则可以帮助企业更好地了解消费者需求和市场趋势。

二是连接与共享的需求。在数字时代，人们对于连接和共享的需求越来越高。裂变商业模式通过构建平台来连接各方，实现了资源的共享和优化配置，满足了消费者对于更高效、便捷服务的需求。

三是快速迭代与创新。数字时代的快速变化要求企业具备快速响应市场的能力。裂变商业模式通过快速迭代和创新来适应市场变化，并不断优化产品和服务，从而在竞争中获得优势。

四是价值共创的理念。在数字时代，价值创造不再仅限于企业自身，而是需要各方的参与和贡献。裂变商业模式强调价值共创的理念，通过合作与协同创造更大的价值。

五是个性化与定制化服务的需求。随着消费者需求的多样化，个性化与定制化服务成为趋势。裂变商业模式通过数字化手段能够更好地了解消费者需求并提供定制化的服务，提升了用户体验和满意度。

六是降低交易成本与提高效率。数字化技术降低了交易成本，提高了资源配置效率。裂变商业模式利用数字技术优化交易过程，降低了成本并提高了整体效率，从而实现了价值的最大化。

裂变商业模式的发展经历了下面七个阶段。

第一阶段是平台经济模式的兴起。

Uber与Airbnb。这两个平台分别连接了乘客与司机、旅行者与房东，通过共享闲置车辆和房屋资源，实现了价值的最大化。

阿里巴巴。通过搭建B2B平台，将供应商与采购商连接起来，开创了电商的新模式。

第二个阶段是社交电商模式的崛起。

Facebook、Twitter、Instagram。这些社交媒体平台通过连接用户，创造了巨大的商业价值。例如，广告商可以在这些平台上精准投放广告，从而与消费者建立直接联系。

第三个阶段是共享经济模式的繁荣。

共享单车。通过共享单车,用户可以随时随地租用自行车,降低了出行成本,同时也为企业创造了收益。

共享充电宝。为用户提供便捷的充电服务,通过共享模式降低了设备成本和维护成本。

第四个阶段是区块链去中心化金融(DeFi)的兴起。

MakerDAO、Compound、Uniswap。这些去中心化金融平台通过智能合约和区块链技术,实现了去中心化的借贷、交易和资产交换。它们降低了交易成本,提高了金融服务的可及性。

第五个阶段是电商与O2O的融合。

美团、饿了么。这些平台将餐饮商家与消费者连接起来,通过在线订餐和配送服务,满足了消费者的即时需求。

京东、淘宝。这些电商平台不仅提供线上购物服务,还通过O2O模式将线上与线下融合,为消费者提供了更全面的购物体验。

第六个阶段是内容产业的裂变。

YouTube、Bilibili。这些平台为内容创作者提供了展示和变现的机会,吸引了大量用户创作和分享内容,同时也吸引了广告商的投资。

Netflix、Disney+。这些流媒体平台通过制作高质量的内容,吸引了大量订阅用户,实现了内容与用户的直接连接。

第七个阶段是人工智能技术的裂变。

人工智能技术的发展极大地推动了商业模式创新。例如,数据驱动决策、智能硬件(如智能音箱、智能家居等)等都是基于AI技术的新商业模式。

裂变商业模式在不同领域都有发展和应用,随着数字技术的不断进步和创新,裂变商业模式将继续为企业创造更多的商业机会和价值。数字时代的裂变商业模式具有多样性和创新性。它们遵循网络的裂变规律和数字化的指数迭代规律,通过用户数量的增长和持续创新来实现商业价值的最大化。同时,企业也需要不断创新和适应市场的变化,以保持竞争优势和可持续发展。

裂变模式以存量带增量

菲利普·科特勒说:"未来的营销就是朋友引荐朋友。"我们需要承认模式设计的科学性,网络经济就是一种圈层经济,服务好现有客户,深度参与客户业务,把握关键节点型客户,从而带来更大量的客户。目前，这是数字时代成本比较低的商业模式设计。裂变就是批量导入用户基本模式。当用户裂变模式、转介绍模式已经成为主要的营销模式时，新商业模式的核心就是接近用户，和用户交朋友，社交网络模式将是未来经济的主要模式，任何成功的企业，在本质上都是一个社交网络。构建自己企业的社交网络，构建自己的部落，已经是未来胜者的游戏形式。精准用户的社区构建，构建心灵共同体，这是裂变模式的必然要求。

裂变商业模式的核心是通过连接和共享，将原有的资源或业务进行重新组合，从而创造新的价值。在这个过程中，存量资源是基础，增量价值则是裂变的结果。通过以存量带增量的方式，裂变商业模式可以实现以下优势。

一是资源优化配置。裂变模式能够将原有的存量资源进行重新配置，提高资源的利用效率和盈利能力。通过数字化手段，企业可以更好地了解市场需求和消费者行为，从而将资源投入到更有价值的领域，实现资源的最大化利用。

二是降低成本。在裂变模式下，企业可以利用原有的基础设施、技术、品牌等资源，降低新业务或产品的开发和推广成本。同时，通过数字化手段优化运营流程，企业也可以降低运营成本，提高盈利能力。

三是拓展市场。裂变商业模式可以通过创新的方式将原有的业务或产品拓展到新的市场领域。例如，通过与不同行业的合作伙伴进行跨界合作，企业可以开拓新的市场空间，提高市场份额。

四是增强品牌影响力。企业可以利用原有的品牌优势和用户基础，快速获得新业务或产品用户的信任和认可。品牌影响力的增强有助于提高用户黏性和忠诚度，从而促进业务的持续发展。

五是提升用户体验。裂变商业模式可以通过提供更加个性化和定制化的服务来提升用户体验。通过了解用户的喜好和需求，企业可以为用户提供更加贴心和便捷的服务，增强用户黏性和满意度。

为了实现以存量带增量的裂变模式，企业需要采取以下策略。

一是明确战略定位。在实施裂变商业模式之前，企业需要明确自身的战略定位和业务范围，确保新业务或产品与原有业务相互支持、协同发展。

二是挖掘存量资源价值。企业应深入挖掘存量资源的价值，了解其潜在的市场需求和商业机会。通过创新的方式将存量资源进行重新组合和配置，实现价值的最大化。

三是数字化转型。企业应加强数字化技术的运用和创新，提高自身的数字化能力和运营效率。数字化手段可以帮助企业更好地了解市场需求、优化资源配置、降低成本等。

四是合作伙伴关系建设。企业应积极寻找和建立合作伙伴关系，共同拓展市场和开发新产品。通过跨界合作和创新，企业可以拓展业务的边界和市场空间。

五是持续创新。企业应保持持续创新的能力,不断优化和改进裂变商业模式。在市场竞争激烈的环境下,只有不断创新才能保持竞争优势和可持续发展。

六是风险管理与合规。企业在实施裂变商业模式时,应关注风险管理和合规问题。确保业务运营的合法性和稳定性,避免潜在的法律风险和市场风险。

七是人才培养与团队建设。企业应注重人才培养和团队建设,建立一支具备数字化思维和创新能力的团队。这有助于应对裂变商业模式带来的挑战和机遇,推动企业的持续发展。

八是数据驱动决策。企业应运用数据分析来指导决策和优化运营,提高商业模式的效率和竞争力。通过数据分析,企业可以更好地了解市场趋势、消费者行为、竞品情况等,从而做出更明智的决策。

九是跨行业合作与竞争。企业应关注跨行业的动态和合作机会,通过跨界整合资源实现商业模式的创新和发展。与其他行业的企业进行合作,可以共同开发新产品、开拓新市场、提高竞争力。

十是社会责任与可持续发展。在追求商业利益的同时,企业应关注社会责任和可持续发展,要实现商业价值与社会价值的共赢。这包括环境保护、公益事业等方面。

通过采取这些策略,企业可以实现以存量带增量的裂变模式,释放更大的商业价值和发展潜力。在数字时代背景下，裂变商业模式将继续发挥重要作用，为企业创造更多的商业机会和竞争优势。

那么具体怎么做呢？

让我们通过一个具体的例子来进一步解释裂变模式以存量带增量的标准工作。

假设有一家大型零售商，拥有多个线下门店和线上平台。该零售商的存量资源包括现有的门店网络、供应链、品牌知名度等。为了实现以存量带增量的裂变模式，该零售商可以采取以下具体策略：

首先，利用现有的门店网络和线上平台，实现线上线下融合。通过数字化手段优化门店布局和商品陈列，来提高购物体验和运营效率。同时，利用线上平台的便利性和个性化服务，来吸引更多消费者，从而提高市场份额。

二是，将线上线下会员体系进行整合，实现会员信息共享和积分互通。通过提供个性化的会员服务和优惠活动，来增强用户黏性和忠诚度，并促进用户复购和口碑传播。

三是，优化现有供应链管理，实现库存共享和协同补货。通过数据分析预测市场需求，来提高库存周转率，并降低库存成本。同时，与供应商建立紧密合作关系，提高供应链的响应速度和灵活性。

四是，与不同行业的企业进行跨界合作，开发新产品和服务。例如，与餐饮企业合作推出到店自提服务，或与金融企业合作推出消费金融产品等。通过跨界合作，拓展业务的边界和市场空间，可以更好地满足消费者多样化的需求。

最后，运用数据分析工具对门店销售、线上流量、用户行为等进行深入分析。通过数据分析，了解消费者的购买习惯、需求偏好和行为模式，为商品选品、促销策略和用户体验优化提供依据。

通过这些具体策略的实施，该零售商可以实现以存量带增量的裂变模式。存量资源（如门店网络、供应链、品牌知名度）得到进一步优化和利用，就可以释放出更大的商业价值。同时，增量价值（如新业务拓展、用户体验提升、市场份额增加）得以实现，就可以为企业带来更多的商业机会和发展空间。这种裂变模式有助于企业在激烈的市场竞争中保持竞争优势和可持续发展。

从激励机制变成共享机制

商业模式的顶层设计需要一个明确的战略执行进程，以确保企业能够有效地实现商业目标。在这一进程中，激励机制和共享机制都是重要的组成部分。

激励机制是企业为了提高员工的工作积极性和创造性而设计的一种制度安排。通过激励，企业不仅能激发员工的工作热情，还能提高工作效率，从而实现企业的目标。

在商业理论中，著名的经济人假设、帕累托效率以及激励相容机制，促使激励机制被广泛应用。

经济人假设认为人的行为是由经济利益驱动的。因此，通过提供物质激励，可以激发员工的积极性和创造力。

而在资源分配过程中，有一种状态被称为帕累托效率，即在不使任何人境况变坏的情况下，不可能再使某些人的处境变好。而激励机制的目标就是通过提高效率来增加企业的总体产出，从而实现帕累托效率。

企业设计的激励机制能够使员工在追求个人利益的同时，实现企业的整体利益。这种能够使企业和员工的目标一致，从而促进企业的发展的机制，就叫激励相容机制。

研究表明，有效的激励机制能够提高员工的工作积极性和生产率。因此，激励机制的设计对企业生产率的提高具有重要的意义。

常用的激励机制包括奖金、晋升和培训。

奖金制度是最常见的物质激励方式之一。企业通过设立奖金，激励员工在工作中取得更好的成绩。

晋升制度是通过职位晋升来激励员工的制度安排。这种机制能够激发员工的职业发展欲望，提高工作积极性和忠诚度。

培训制度是通过提供学习和培训机会来激励员工的制度安排。这种机制能够提高员工的技能和知识水平，增强企业的竞争力。

随着经济的发展和社会的进步，激励机制也在不断地发展和完善。在早期的企业管理中，激励机制主要采用简单的物质激励方式，如计件工资等。随着管理理论和实践的发展，越来越多的企业开始采用综合性的激励机制，如股票期权、员工持股计划等。这些新型的激励机制能够更好地满足员工的多元化需求，提高激励效果。同时，随着信息技术的发展，数字化激励机制也逐渐成为新的趋势。数字化激励机制能够更好地实现个性化激励，提高员工的满意度和工作效率。

而在当今的商业环境中，激励机制已经不再是单纯的奖励或惩罚措施，而是逐渐演变为一种更加复杂和多元化的共享机制。这种共享机制旨在通过与用户、合作伙伴等利益相关者共同分享价值和成果，来实现共赢和共同发展。

从用户的角度来看，传统的激励机制往往是以物质奖励为主，如折扣、返现、赠品等。然而，随着社交媒体和互联网的普及，越来越多的企业开始采用更加多样化的激励机制，如虚拟积分、等级晋升、会员特权等。这些激励机制不仅满足了用户的个性化需求，还增强了用户的归属感和参与感。

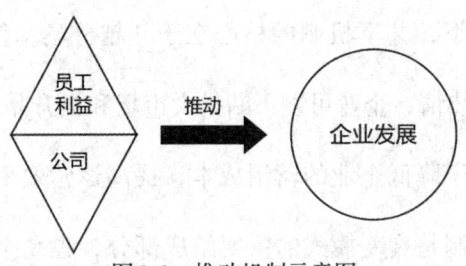

图6-2 推动机制示意图

在裂变模式下，共享机制的作用更加凸显。通过将平台的价值与用户共享，企业可以激发用户的积极性和创造力，从而不断拓展市场和提升品牌影响力。例如，字节跳动、抖音、拼多多、淘宝等平台采用的用户分润机制，就是将广告收入与用户分享，从而激发用户的参与和分享热情。这种机制不仅增加了平台的广告收入，还通过用户的口碑传播扩大了平台的用户群体。

除了与用户的共享，裂变模式下的共享机制还体现在企业与合作伙伴之间的佣金机制。通过为合作伙伴提供一定比例的佣金或分成，企业可以吸引更多的合作伙伴加入，并共同拓展市场和分享资源。这种机制不仅可以降低企业的营销成本，还可以通过合作伙伴的资源和渠道优势，实现更快速的市场扩张。

从激励机制到共享机制的转变，体现了企业对于市场和用户关系的重新认识。通过与利益相关者共同分享价值和成果，企业可以建立起更加紧密的关系，实现共赢和共同发展。同时，这种共享机制也有助于提升企业的品牌形象和社会责任感，从而获得更多用户的信任和支持。

在裂变模式下，共享机制的核心在于"越分享，价值越大"。通过激发用户的分享热情，企业可以不断扩大市场和提升品牌影响力。同时，这种机制也有助于降低企业的营销成本，提高运营效率。因此，从激励机制变成共享机制是裂变模式的重要组成部分，也是企业在当今市场环境中实现持续发展的重要途径。

与激励机制不同，共享机制强调的是企业内部的合作与协同，通过资源共享和知识溢出，来实现企业的整体利益最大化。

共享机制建立在合作竞争和价值共享的前提下，根据经济学的外部性理论和合作博弈论，可见共享机制更具合理性。

共享机制倡导企业内部的合作与协同，通过资源共享和优势互补，来提高企业的整体竞争力。合作竞争的理念有助于打破企业内部部门间的壁垒，促进信息的流动和知识的共享。

价值共创是指企业与利益相关者共同创造价值的过程。共享机制鼓励企业内部各部门与外部合作伙伴一同参与价值创造活动，通过资源整合和知识共享，来实现价值最大化。

在经济学中，有一个著名的外部性理论，是指一个经济主体的行为对另一个经济主体产生的影响。共享机制通过资源共享和知识溢出，降低了企业的成本，提高了生产率，产生了正外部性效应。同时，共享机制还能够促进企业间的知识流动和技术扩散，推动整个行业的进步和发展。

那么，在博弈各方具有共同利益时，如何进行博弈呢？共享机制倡导企业内部的合作与协同，通过合作博弈实现企业的共同利益最大化。合作博弈论有助于解释企业在共享机制下如何实现资源的最优配置和利益的最大化。

随着全球化、信息化的发展以及市场竞争的加剧，很多企业越来越意识到内部资源共享的重要性。早期的共享机制主要集中在企业内部的资源共享上，如设备共用、信息共享等。随着知识经济的兴起和组织变革的深入发展，共享机制逐渐扩展到了知识管理领域，包括企业内部的知识共享、学习型组织的建设等。近年来，随着云计算、大数据等技术的发展和应用，数据驱动的共享机制成为新的发展趋势。数据驱动的共享机制能够更好地整合企业内外部资源、优化决策和提高运营效率。同时，随着可持续发展理念的普及和对社会责任的强调，社会责任导向的共享机制也逐渐成为新的关注点。社会责任导向的共享机制要求企业在追求经济利益的同时，关注环境、社会和治理问题，以实现可持续发展目标。此外，随着数字经济的兴起和发展，数字化驱动的共享机制也日益受到关注和重视。数字化驱动的共享机制能够让企业更好地适应互联网时代的需求变化和市场环境变化，从而提升企业的竞争力。

在当前的商业模式顶层设计战略执行进程中，从激励机制向共享机制的转变具有重要意义。这一转变不仅有助于提高企业的内部协同和整体竞争力,还能让企业更好地适应外部环境的变化和满足利益相关者的需求。

首先,激励机制虽然能够激发员工的工作积极性和创造性,但容易导致内部竞争和利益冲突。相比之下,共享机制强调合作与协同,通过资源共享和知识溢出,能实现企业整体利益的最大化。这有助于打破部门间的壁垒,促进信息的流动和知识的共享,提高企业的整体竞争力。

其次,随着市场环境的变化和数字化时代的到来,企业需要更加灵活地应对外部环境的挑战。共享机制能够更好地整合内外部资源,优化决策和提高运营效率。同时,数字化驱动的共享机制能够让企业更好地适应互联网时代的需求变化和市场环境变化,从而提升企业的竞争力。

此外,从激励机制向共享机制的转变还有助于企业实现可持续发展目标。社会责任导向的共享机制要求企业在追求经济利益的同时关注环境、社会和治理问题,实现经济、环境和社会三方面的综合效益。这不仅有助于提高企业的品牌形象和社会影响力,还能为企业创造更广泛的价值和竞争优势。

为了实现从激励机制向共享机制的转变,企业需要采取一系列措施。首先,要建立良好的企业文化和价值观,要强调合作、协同和创新。其次,要完善组织结构和业务流程,打破部门间的壁垒,以促进信息的流动和知识的共享。此外,还需要加强数字化建设,利用大数据、云计算等技术实现资源的优化配置和决策的科学性。

同时，企业还需要关注利益相关者的需求和反馈，要与合作伙伴共同创造价值。通过建立共赢的合作关系，企业能够更好地整合内外部资源、优化决策和提高运营效率。此外，企业还需要关注社会责任和可持续发展问题，将社会责任融入企业的战略和日常运营中，实现经济、环境和社会三方面的综合效益。

总之，从激励机制向共享机制的转变是当前商业模式顶层设计战略执行进程中的重要趋势。通过实现资源共享、合作共赢和社会责任，企业能够更好地应对外部环境的挑战、提升自身竞争力并创造更广泛的价值。因此，企业应积极推动这一转变，并采取有效措施来实施共享机制，以实现可持续发展目标。

裂变模式的难点在裂变之后

在当今高度不确定的时代，裂变模式作为一种具有强大增长潜力和变革能力的商业模式，正逐渐受到广泛的关注和应用。然而，裂变模式并非易事，其真正的难点在于裂变之后如何持续发展。

首先，裂变模式需要企业在创新和变革中不断寻求新的增长点。在市场环境不断变化的情况下，企业需要时刻保持敏锐的洞察力和快速适应能力，以便在竞争激烈的市场中立足。此外，裂变模式还需要企业具备强大的组织能力和资源整合能力。由于裂变模式的实施往往涉及多个部门和多方利益相关者，因此，企业需要在内部和外部建立起有效的协作机制，以确保裂变模式的顺利实施。

其次，裂变模式需要企业在提供产品的同时，注重提供服务。这要求企业转变传统的产品思维，建立起服务思维。企业需要深入了解用户需求，为其提供具有独特价值的服务，并在服务过程中与用户建立起持续的连接。只有这样，企业才能在激烈的市场竞争中脱颖而出，获得用户的认可和信任。

以智能佩戴产品为例，其核心价值不仅在于硬件设备本身，更在于其背后所提供的持续数字服务。这种服务能够深入到用户的日常生活中，能从单纯的健康管理扩展到更广泛的生活方式管理。这就要求企业不仅要有强大的技术实力，还要有持续创新的服务能力。通过不断优化和改进服务，企业可以为用户提供更加全面和个性化的解决方案，从而增强用户黏性和忠诚度。

此外，裂变模式还需要企业具备强大的数据分析和处理能力。在数字化时代，数据已经成为企业的重要资产。企业需要通过对用户行为、市场需求等方面的数据进行深入分析和挖掘，以便更好地了解用户需求和市场趋势，从而制定出更加科学和有效的商业策略。同时，企业还需要建立起完善的数据安全和隐私保护机制，以确保用户数据的安全和合规性。

综上所述，裂变模式的难点是在裂变之后。如何持续提供独特的服务价值，建立起与用户的长期连接，是每一个寻求裂变的企业都需要深入思考和探索的问题。

在这个过程中，我们可以借鉴凯文·凯利的观点。凯文·凯利认为在数字化时代，服务已经成为经济的核心驱动力。他主张将产品和服务紧密结合，为用户提供"一揽子"的解决方案，从而创造更大的价值。这一观点对于裂变模式的发展具有重要的指导意义。通过将产品和服务相结合，企业可以更好地满足用户需求，提高用户满意度和忠诚度。同时，这种服务模式还可以为企业带来更多的商业机会和竞争优势。

为了实现这一目标，企业需要不断加强与用户的互动和沟通，深入了解用户需求和反馈意见。同时，企业还需要加强内部协作和资源整合工作，以确保服务的顺畅运行。此外，企业还需要关注市场趋势和技术发展动态，要能够及时调整商业策略和服务模式，以确保持续的创新和竞争优势。

在裂变模式的实践中，我们还需要关注以下三个方面。

首先，企业需要建立起完善的用户反馈机制，要及时收集和分析用户反馈意见，以便不断改进和优化服务。通过与用户互动和沟通，企业可以更好地了解用户需求和痛点，为产品和服务创新提供有力支持。

其次，企业需要加强合作伙伴关系的管理。裂变模式往往涉及多个利益相关者，企业需要与合作伙伴建立起互利共赢的关系，来共同拓展市场和分享资源。通过建立良好的合作伙伴关系，企业可以更好地应对市场变化和不确定性因素。

最后，企业需要注重品牌建设和声誉管理。在激烈的市场竞争中，品牌和声誉对于企业的发展至关重要。企业需要建立起良好的品牌形象和口碑，提升用户忠诚度和美誉度。同时，企业还需要加强危机管理，要能够及时应对和处理各种突发事件和危机事件，以确保企业的稳定发展。

第三部分
商业模式顶层设计变革和实战

第七章
商业模式顶层设计的一般流程

商业模式执行需要相信机制的力量

当我们谈到商业模式顶层设计时，我们不仅仅是在谈论一个理念或一个概念，而是在谈论一个系统的、有机的过程。这个过程不仅需要战略的眼光，更需要执行的力度。而在这个过程中，机制的力量是不容忽视的。

顶层设计是一个从宏观到微观、从整体到局部的细致规划过程。它首先需要对企业的核心能力和资源进行深入分析，明确企业的定位和市场目标。随后，根据这些基本要素，设计出符合企业战略的商业模式，包括价值主张、客户群体、渠道策略、盈利模式等。在商业模式设计完成后，需要进一步细化各个业务模块的运作方式，包括产品研发、生产流程、市场营销等。这一系列的设计过程都需要进行严谨的分析和判断，以确保最终的商业模式既具有创新性，又能有效落地。

再完美的顶层设计，如果无法有效执行，也只是纸上谈兵。因此，模式的执行至关重要。首先，企业需要有强大的执行力，这涉及组织结构的调整、人员的配置和培训、资源的整合等多个方面。其次，执行的过程需要精细化管理，确保每一个环节都能按照预定的方向前进。最后，持续的优化和改进是不可或缺的，因为市场环境和企业状况都在不断变化，只有不断调整和优化，才能确保顶层设计的商业模式的生命力。

商业机制是一种促进商业活动有效运转的制度设计。它涉及如何分配权利、如何协调利益关系、如何激励和约束商业行为等多个方面。从商业史的角度看，商业机制经历了从简单到复杂、从低效到高效的演进过程。例如，人类社会早期的物物交换机制效率低下，而现代的货币交易机制则大大提高了交易的效率。此外，随着技术的发展，新型的商业机制也不断涌现，如区块链技术下的去中心化交易机制等。

为何商业模式的执行需要相信机制的力量？机制的力量在于驱动与保障商业模式顶层设计的实施与变革。一个好的机制能够激发团队的动力和创造力，提高执行力和效率。而一个不好的机制则可能阻碍团队的发展，甚至导致整个企业的失败。因此，在商业模式执行的过程中，我们需要相信机制的力量，通过合理的机制设计来确保商业模式的顺利实施。

首先，机制设计需要立好规矩。规矩是保证机制有效运行的基础，没有规矩不成方圆。在机制的设计过程中，我们需要明确规定各个角色和岗位的职责与权利，以及相应的奖惩措施。这样能够确保每个人都清楚自己的任务和责任，避免出现权责不明的情况。前方不留余地地拼杀，原因就是相信，干成了，笃定能够得到匹配的成果，这就是机制的力量。

其次，机制设计需要注重公平和激励。公平是激发团队积极性的重要因素，而激励则是提高团队创造力的有效手段。在机制设计过程中，我们需要充分考虑员工的利益和需求，通过合理的薪酬、奖励和晋升制度等，激发员工的动力和创造力。同时，我们还需要注重公平和透明，避免出现不公平和暗箱操作的情况。

此外，机制设计还需要考虑企业的实际情况和市场环境。不同的企业有着不同的特点和需求，市场环境也在不断变化。因此，在机制设计过程中，我们需要充分了解企业的实际情况和市场环境，制定出符合企业实际需求的机制。同时，我们还需要不断调整和优化机制，以适应市场的变化和企业的实际情况。

一个好的机制能够为参与者提供一个清晰、明确的行动路径，使他们知道应该如何行事才能达到预期的目标。这减少了决策过程中的不确定性，能够使整个系统更加高效地运转。

一个合理的激励机制能够调动参与者的积极性和创造力。当个人或团队明确知道他们的努力会得到适当的回报时，他们更有可能全身心地投入到工作中。

在商业活动中，不同参与者之间往往存在利益冲突。一个公平、公正的机制能够平衡各方利益，确保整体利益的最大化。这有助于减少内耗，集中力量实现共同目标。

一个灵活的机制可以根据外部环境的变化和企业发展的需要进行调整。这使得企业能够快速适应市场变化，持续优化运营过程，保持竞争优势。

通过合理的风险分担和应对机制，企业可以降低经营风险，提高抵御外部冲击的能力。这有助于企业在不确定的市场环境中保持稳定发展。

一个良好的合作机制能够促进不同部门、团队之间的协作。通过明确的沟通渠道和协同工作方式，企业可以更好地整合内部资源，实现整体效益的最大化。

一个健康的机制有助于塑造积极的企业文化。通过合理的奖励和惩罚措施，企业可以引导员工形成正确的价值观和工作态度，从而营造一个良好的工作氛围。

通过合理的资源配置机制，企业可以根据业务需求和市场变化动态分配资源。这有助于提高资源的利用效率，实现企业的可持续发展。

通过有效的知识管理机制，企业可以积累和传承宝贵的经验与知识。这有助于减少重复劳动和避免不必要的错误，提高组织的学习能力和创新能力。

通过良好的品牌管理机制，企业可以提升品牌知名度和美誉度。这有助于增强消费者忠诚度，提高市场份额和竞争优势。

那么如何用好机制，发挥机制的力量呢？

在设计和实施机制之前，需要对目标对象进行深入的分析和理解。了解目标对象的需求、动机和行为模式是制定有效机制的基础。

确保机制的公平性和公正性是激发参与者积极性的关键。只有当参与者相信机制是公平的，他们才会愿意参与并遵守规则。

考虑到外部环境和市场变化的因素，机制的设计需要具备一定的灵活性。只有这样，企业才能够随时调整机制来适应新的挑战和机遇。

在机制的实施过程中，需要不断地收集反馈和评估效果。根据反馈和评估效果，对机制进行持续改进，使其更加完善和高效。

在机制中，要明确各方的责任和权利，这样可以避免责任推诿和权利冲突，提高机制的运行效率。

一个好的机制需要同时考虑激励和约束两个方面。激励可以激发参与者的积极性，约束则可以确保参与者的行为符合预期目标。

机制的实施需要强有力的执行力。企业需要建立相应的组织结构和规章制度，确保机制得到有效执行。

在机制的实施过程中，要倡导诚信文化。诚信是商业活动的基础，也是机制有效运行的重要保障，因此在机制实施过程中，要将诚信放在首位。

对机制的执行过程进行监督和考核是必要的。通过监督和考核，可以确保机制的公平性和公正性，也可以激励参与者更加努力地工作。

随着市场环境的变化和企业的发展，机制也需要不断创新。只有不断创新，才能使企业在激烈的市场竞争中保持领先地位。

在良性的商业模式下，华为的机制是其成功的关键因素之一。华为的激励机制主要包括奖金、股权和晋升机会等。华为采用高激励政策，让员工有足够的动力去完成工作任务，同时也通过股权激励计划，让员工分享公司的成功；华为的考核机制非常严格，采用"考""评"相结合的方式。华为通过对员工的绩效进行量化考核，确保了员工的工作质量和效率；华为重视人才的培养和储备，采用内部选拔和外部引进相结合的方式，建立起完善的人才管理机制。同时，华为也鼓励员工自我学习和自我发展；华为采用集体决策和授权相结合的方式，确保了决策的科学性和有效性。在决策过程中，华为重视数据分析和逻辑推理，同时也尊重员工的意见和建议；华为非常注重风险管理，通过建立完善的风险管理机制，确保了公司的稳健发展。华为在各个层面和领域都有严格的风险控制措施，以尽可能地降低风险对公司的影响。这些机制相互配合，共同支撑着华为的快速发展。

良性商业模式下的生产方式流程：
- 品质追求"零"缺陷
- 追求统一协调的生产与物料管理
- 追求在制品的最少化
- 追求生产计划能够任意变动
- 追求生产效率的极限化
- 尽可能让生产平衡与匹配

图7-1　良性商业模式下的生产方式流程

宋志平是中国著名的企业家和管理学家，他曾经担任过多家企业的董事长和总经理，有着丰富的企业管理经验，曾经让几家企业起死回生，其中模式和机制的力量发挥了重要的作用。

宋志平认为，模式和机制是一个企业成功的关键因素之一。一个好的模式和机制可以让企业更加高效地运营，提高企业的竞争力和盈利能力。相反，一个不好的模式和机制则可能导致企业陷入困境，甚至破产倒闭。

在企业管理过程中，宋志平通过制定科学的管理模式和机制，让企业实现了更加有序、高效的运营。在制定管理模式和机制的过程中，宋志平注重企业内部的管理和流程优化,通过采用先进的管理理念和方法,提高了企业的生产效率和管理水平。同时,他也注重企业外部的市场和客户需求,通过深入了解市场和客户需求,制定出符合市场需求的产品和服务,提高了企业的市场占有率和盈利能力。

此外,宋志平还注重人才培养和团队建设。他认为,一个好的团队是企业成功的基石,只有拥有高素质的人才和高效的团队,才能让企业持续健康发展。因此,他通过内部培训和外部引进的方式,培养了一批高素质的管理和技术人才,打造了一支高效的团队。

总之,相信机制的力量是商业模式顶层设计变革成功的关键之一。通过深入分析、公平公正、灵活设计、持续改进、明确责任权利、激励与约束相结合、强化执行力、倡导诚信文化、强化监督与考核以及不断创新等措施,企业可以充分发挥机制的力量,推动商业模式的成功落地和持续优化。

重要合作	关键业务	价值服务
收入来源	客户群体	客户关系
渠道通路	核心资源	成本结构

图7-2 商业模式设计九宫图

坚持什么放弃什么，心里要有数

在商业模式顶层设计的实践中，一个核心问题经常被反复提及："坚持什么，放弃什么？"这是一个关乎取舍的问题，也是一个关乎企业价值观和战略定位的问题。对于这个问题的回答，不仅需要商业智慧，更需要一种超越日常商业思维的洞察力。

首先，我们必须认识到，商业模式顶层设计并不仅仅是策略层面的决策，更是一种心灵层面的挑战。当我们站在企业整体发展的高度进行顶层设计时，我们实际上是在对企业的核心价值观、发展愿景和未来目标进行深入的思考和重新定位。这是一个痛苦的过程，因为它要求我们在心灵层面进行深度的反思和超越。

在数字商业时代，商业模式的设计变得更加复杂和重要。传统的营销模式可能已经无法满足市场的快速变化和客户的个性化需求。而商业模式顶层设计则需要我们跳出营销的局限，从更宏观的角度思考企业的整体运营和未来发展。

这要求我们不能再简单地满足于"依附式"的增长模式。这种模式在过去可能有效,但在未来的商业竞争中,它可能已经无法满足企业持续、健康发展的需求。取而代之的,是一种汇集了最优质资源的商业模式,这种模式能够使企业在下一轮的竞争中脱颖而出。

商业模式顶层设计的核心在于"挑战自己"。这不仅是一种策略层面的挑战,更是一种心灵层面的挑战。我们需要挑战自己的思维惯性、价值观,甚至商业模式。这种挑战并不是为了颠覆一切,而是为了更好地适应变化,激发创新并实现持续发展。

回到人性层面进行思考,是商业模式顶层设计的关键。因为商业的本质是关于人的,只有深入理解人的需求、欲望和行为模式,才能设计出真正有竞争力的商业模式。同时,设立合理的机制也是顶层设计的核心要素之一。这种机制能够激发员工的积极性和创造力,使他们真正成为企业的创造主体。当每个员工都能感受到自己的价值和重要性时,那么他们就会更加投入地工作,为企业的发展贡献自己的力量。

世界级的现代企业之所以成功,在很大程度上是因为他们都拥有一个共同点:他们都注重顶层设计,并在实践中不断优化和完善自己的商业模式。他们理解到,只有当每个员工都能成为企业的创造主体,企业的整体发展才能真正得以实现。这种模式设计的精髓在于激发每一个员工的潜力和创造力,使他们在企业中感受到自己的价值和重要性。当每个员工都能以创业者的心态去工作，那么企业将会拥有强大的竞争优势和无限的发展潜力。

当人性层面的问题得到解决后，商业模式的执行和流程才会变得顺利。因为员工们已经明确了自己的角色和责任，他们知道如何为企业的发展贡献自己的力量。同时，企业也明确了自身的定位和发展目标，能够更好地引导员工的工作方向和重点。

商业模式顶层设计同时也是一个系统性的过程，需要全面考虑企业的内外部环境、资源、能力和市场需求等因素。在进行商业模式顶层设计时，企业需要明确自己的战略目标，并以此为指导来设计和优化商业模式的各个环节。在商业模式顶层设计的变革和实战过程中，企业需要坚持一些核心理念和原则，同时也要学会放弃一些不合适的发展方向和策略。这需要企业有清晰的市场定位和自我认知，了解自己的优势和劣势，以及在市场上的定位和目标客户群体。

在商业模式顶层设计的变革和实战过程中，企业要坚持如下核心理念。

（1）客户至上。企业应始终坚持客户至上的原则，以客户需求为导向，设计和优化商业模式的各个环节。只有真正满足客户需求的产品和服务，才能获得市场的认可和成功。

（2）创新发展。创新是企业发展的动力源泉，企业应始终保持创新精神，不断探索新的商业模式和商业机会。通过创新，企业可以打破传统思维模式和行业规则，创造出更具竞争力的商业模式。

（3）合作共赢。在竞争激烈的市场环境中，企业应注重合作共赢，寻求与其他企业和机构的合作，共同开拓市场，研发新产品和服务。通过合作，企业可以共享资源、降低风险、提高竞争力。

（4）持续改进。企业应不断对商业模式进行优化和改进，以适应市场和客户需求的变化。通过不断改进，企业可以提高产品质量和服务水平，增强客户满意度和忠诚度。

（5）诚信经营。企业应秉持诚信经营的原则，树立良好的企业形象和品牌形象。诚信经营是企业赢得客户信任和市场份额的重要因素之一。

在进行商业模式顶层设计时，一是企业需要明确自己的战略目标和发展方向。这些目标应该具有可操作性、可达成性和可持续性，以确保企业在发展过程中始终保持清晰的方向和目标。

二是企业需要了解市场和竞争对手的情况，针对不同的市场和竞争环境进行调整和完善。这需要企业进行市场调研和分析，了解客户需求、市场趋势和竞争格局，以便更好地制定适合自身情况的战略目标和发展方向。

三是企业在进行商业模式顶层设计时，需要了解自身的资源和能力，包括财务状况、人力资源、技术水平、品牌影响力等方面的因素。这些因素将直接影响到企业商业模式的可行性和竞争力。

因此，企业需要对自身资源和能力进行全面评估和分析，以便在商业模式设计和优化过程中充分发挥自身优势，弥补不足之处。同时，企业还需要根据自身资源和能力制定相应的策略和管理措施，以确保商业模式的顺利实施和可持续发展。

四是企业需要注重市场定位和差异化竞争。市场定位是企业根据市场需求和竞争状况确定的目标市场和产品定位，差异化竞争则是企业在产品、服务、品牌等方面与竞争对手区别的独特优势和特色。

通过准确的市场定位和差异化竞争，企业可以更好地满足客户需求、提高市场份额和品牌影响力。同时，企业还需要不断关注市场变化和竞争对手的动态，以及时调整市场定位和差异化竞争策略，从而确保竞争优势和市场领先地位。

五是企业需要合理利用资源和发展生态圈。资源包括内部资源和外部资源两个方面，内部资源包括人力资源、技术、品牌等，外部资源包括供应商、渠道商、投资者等。通过合理利用这些资源，企业可以提高自身实力和市场竞争力。

六是企业需要注重发展生态圈，与相关企业和机构建立合作关系，共同创造价值、实现共赢。生态圈可在帮助企业拓展业务范围、降低成本、提高运营效率等方面起到重要作用。

特别需要注意的是,商业模式顶层设计是一个动态的过程,需要随着市场环境的变化和企业发展的需要不断进行调整和完善。因此,企业需要保持灵活性和适应性,以及时调整和完善商业模式的各个环节和要素。

在调整和完善商业模式时,企业需要注重数据分析和市场反馈,了解客户需求和市场趋势,以便更好地优化产品和服务。同时,企业还需要加强内部管理和团队建设,提高运营效率和执行能力,以确保商业模式的顺利实施和可持续发展。

WeWork作为全球创造者社区,拥有独特的商业模式顶层设计理念,打造了能供1~500人共享办公的办公室,实现了联合办公。WeWork独有的共享办公空间设计提供了大企业、区域、整层、整栋定制化服务,打造了未来主流的共创共赢工作方式,成为共享办公市场的领导者之一。

WeWork倡导共享经济理念,提供灵活的办公空间租赁服务,满足了初创企业和中小企业对灵活办公空间的需求。这种共享经济模式提高了资源利用效率和用户体验,降低了企业的办公成本。

WeWork注重社区建设,为企业提供了一个共享的办公环境和交流平台。这种社区建设模式促进了企业之间的合作和资源共享,形成了一个良好的生态系统。

WeWork 根据企业的需求提供定制化的办公空间和服务，满足不同企业的特殊需求。这种定制化服务模式提高了服务质量和客户满意度，进一步巩固了市场地位。

WeWork 采用先进的技术手段，如智能门锁、在线预订系统等，提高了运营效率和用户体验。这种技术创新模式不仅提高了企业自身的竞争力，还为其他企业提供了可供借鉴的经验和模式。

通过以上分析我们可以看到，这些案例背后的商业模式顶层设计理念和变革策略对于企业的成功至关重要。企业需要紧跟时代潮流，不断创新和变革，才能在激烈的市场竞争中立于不败之地。

总的来说，商业模式顶层设计是一项复杂而重要的任务。它需要我们深入理解市场、客户和竞争对手，同时也需要我们深入理解企业的核心价值观和发展愿景。只有明确了自己所需坚持和舍弃的，我们才能在商业竞争中取得真正的优势和成功。

机制、模式和目标分解

在商业模式顶层设计中,机制、模式和目标分解是重要环节,它们共同体现了战略的组织契约和组织能力。

机制是组织内的一种规则和流程,用于协调各个部门和成员之间的行动。在战略实施过程中,机制起着关键作用,能够确保组织内部的有效协作和战略的一致性。在商业模式设计中,机制的设定需要考虑以下四个方面。

(1)决策机制。明确决策的权力和责任,规定决策的流程和规则,以确保决策的有效性和准确性。

(2)激励机制。通过合理的奖励和惩罚措施,激发员工的积极性和创造力,推动目标的实现。

(3)沟通机制。建立有效的信息交流渠道,促进部门之间、员工之间的信息共享和协作。

(4)监控机制。对战略实施过程进行跟踪和监控,及时发现和解决潜在问题,确保战略执行的顺利进行。

模式是商业实践中的一种被验证有效的结构或流程，可以为企业提供可复制的成功经验。在商业模式顶层设计中，模式的选择同样重要。以下是一些常见的商业模式类型。

（1）直销模式。通过直接向客户销售产品或提供服务，来实现收入和利润。

（2）平台模式。通过搭建平台，连接供需双方，实现价值的共创和共享。

（3）订阅模式。通过定期为客户提供产品或服务，实现持续的收入流。

（4）共享模式。通过分享资源或知识，实现成本降低和资源利用效率的提高。

企业可以根据自身情况和战略目标选择合适的模式。同时，企业也可以借鉴其他行业的成功模式，结合自身情况进行创新和改进。

目标分解是将企业整体战略目标分解为可执行的具体目标，使员工能够明确自己的工作内容和责任。在商业模式顶层设计中，目标分解是一个重要的环节，它可以使企业更好地实现目标管理和绩效考核。以下是一些目标分解的方法。

（1）按照组织结构分解目标。将整体目标分解到各个部门或团队，明确各部门或团队的目标与责任。

（2）按照时间轴分解目标。将长期目标分解为短期目标，使员工能够更好地理解和实现目标。

（3）按照业务流程分解目标。将整体目标分解到各个业务流程中，明确每个流程的目标和责任。

（4）按照员工个人分解目标。将整体目标分解到每个员工个人，明确每个员工的个人目标和责任。

通过目标分解，企业可以更好地协调各个部门和员工的行动，提高整体执行力和绩效。同时，企业也可以根据实际情况不断调整和优化目标分解的方法和流程。

海康威视是国内领先的视频监控解决方案提供商，通过对其商业模式设计进行深入分析，我们可以更具体地理解商业模式顶层设计的一般流程。

（1）机制设定。海康威视在机制设定方面，注重决策的快速响应和灵活性。公司采用扁平化管理方式，减少层级，加快决策速度。激励机制上，海康威视通过股权激励、高绩效奖金等方式激发员工创新和执行力。同时，公司建立了一套严格的研发和质量保障机制，以确保产品的持续优化和升级。

（2）模式选取。海康威视选择了平台模式，通过提供视频监控平台，满足客户的安全监控需求。公司不仅提供硬件设备，还提供软件平台和解决方案,与客户共同创造价值。这种模式的选择使得海康威视能够更好地满足客户需求,提高用户黏性。

(3)目标分解。海康威视的目标分解非常明确。首先,公司将整体战略目标分解到各个部门,确保各部门目标与公司整体战略一致。其次,公司按照时间轴将长期目标分解为短期目标,使员工能够更好地跟踪和实现目标。此外,海康威视还为每个员工设定了明确的个人目标,并与员工绩效挂钩,激励员工为实现目标而努力。

(4)员工目标匹配。在海康威视的商业模式中,员工的个人目标和公司的整体目标紧密相连。通过合理的激励机制和明确的个人发展路径,海康威视确保了员工的个人目标和公司目标的一致性,从而提高了整体执行力。

> 老板要把企业打造成行业的标杆,成为一个领袖型企业家。
> ——千海

通过对海康威视的案例分析可以看出,成功的商业模式顶层设计需要机制、模式和目标分解的协同作用。企业需要根据自身实际情况和战略目标选择合适的机制、模式和目标分解方法,并确保员工的个人目标和公司目标的一致性。通过持续优化和改进商业模式,企业可以提高执行力,降低成本,增强竞争优势,从而实现持续的增长和发展。

商业模式要清晰且容易理解

在商业模式顶层设计的变革和实战中，一个清晰、容易理解的商业模式对于企业的成功而言至关重要。一个好的商业模式应该能够简单明了地阐述企业的核心业务、竞争优势以及如何实现盈利。这样有助于企业内部员工、投资者、合作伙伴等利益相关者更好地理解企业战略，提高协同效率，降低沟通成本。

要达到商业模式清晰、容易理解的目标，企业可以从以下几个方面着手。

首先需要对市场和客户需求有深刻的理解和洞察。企业需要了解目标客户的需求和痛点，以及市场的发展趋势和竞争态势。通过进行深入的市场研究，企业可以找到一个有潜力且可规模化的商业机会。

在设计商业模式时，对标最优对手是一个有效的策略。通过对行业内的领先企业进行分析，企业可以了解其成功的关键因素和竞争优势。通过学习和借鉴最优对手的商业模式，企业可以快速提升自身的竞争力和市场地位。同时，也需要关注行业的其他企业，从而了解他们的商业模式和竞争优势，以更好地应对市场竞争。

在设计商业模式时，企业需要考虑行业的市场规模和发展潜力。如果行业的市场规模有限或者增长缓慢，那么企业的成长空间也会受到限制。因此，选择一个足够大、增长迅速的行业非常重要。同时，企业需要评估自身的资源和能力是否与该行业相匹配，以确保能够在竞争中取得优势。

同时，企业还需要从目标任务与资源匹配的角度看问题。在设计商业模式时，企业需要考虑目标任务与资源的匹配度。企业需要明确自身的目标和任务，并根据这些目标和任务来配置资源。如果资源和任务不匹配，那么企业的运营将受到影响，甚至可能导致失败。因此，在商业模式的设计过程中，要充分考虑资源和任务的匹配度。

对于想要超越其他企业的企业来说，需要持续努力地创新和改进，以保持领先地位。这需要企业不断投入研发，优化产品和服务，并寻找新的增长点。而对于追赶别人的企业来说，需要事事有对标，不断学习和借鉴最优对手的经验和做法，以提升自身的竞争力。无论是超越还是追赶，都需要持续努力和不断创新。

在商业模式中，对手思维是对抗性的。这意味着企业需要关注竞争对手的动态，了解其优势和劣势，从而在竞争中取得优势。同时，企业也需要不断优化自身的商业模式，以应对竞争对手的挑战和变化。通过持续的创新和改进，企业可以保持领先地位并获得竞争优势。

一个清晰、容易理解的商业模式不仅有利于外部利益相关者（如投资者、合作伙伴等）的理解，也有利于企业内部员工（特别是基层和中层员工）的认知和执行。这样的商业模式有助于提高员工的凝聚力和执行力，从而提升企业的整体竞争力。

为了达到这一目标，在表述商业模式时，要用简洁的语言描述企业的核心业务，避免过多的行业术语或复杂概念。要重点突出企业的独特价值和竞争优势，以及企业在市场中的准确定位；要清晰地阐述企业的盈利模式，即如何通过提供产品或服务获得收入。这涉及企业的价值主张、客户群体、渠道策略等关键要素的逻辑关系，让利益相关者能够直观地理解企业是如何实现盈利的；利用图表、流程图等形式直观地展示商业模式的关键要素和它们之间的关系，这样能够使商业模式更加可视化，便于理解和记忆。

如果企业有重要的合作伙伴，则应该清晰地描述与合作伙伴之间的关系，以及这种关系如何为企业创造价值。这有助于利益相关者更好地理解企业所处的商业生态。

通过持续不断的内部沟通与培训，强化员工对商业模式的认知和理解，让员工充分了解企业战略、业务定位以及个人在其中的角色，从而提高整个组织的执行力和协同效率。

定期收集利益相关者对商业模式的意见和建议，以便及时发现和改进存在的问题。这有助于不断优化和完善商业模式，提高其清晰度和可理解性。

随着市场环境的变化和企业的成长，商业模式也需要不断调整和优化，以确保其的清晰性和易理解性。为此，企业需要时刻关注市场动态，及时调整业务策略和商业模式，使其与市场变化保持同步。

为了评估商业模式的实际效果，企业需要明确设定关键绩效指标（KPI）。这些指标应能准确反映商业模式的有效性和企业的盈利能力。通过定期监测和评估这些指标，企业可以及时发现问题并采取改进措施。

研究同行优秀企业，了解其商业模式的特点和成功之处。通过借鉴和学习最佳实践，企业可以进一步完善自身的商业模式，提高其清晰度和易理解性。

建立一种强调商业模式重要性的企业文化，使员工在日常工作中能够自觉地遵循和传播商业模式的核心理念。这样能够增强员工的认同感和归属感，从而提高整个组织的执行力。

总之，要做到商业模式清晰、容易理解，就需要企业在内部沟通、业务描述、合作伙伴关系等方面下功夫。通过持续改进和优化商业模式，企业能够提高协同效率，降低沟通成本，增强竞争优势，从而在市场竞争中获得更好的成绩。

要钱有钱，要人有人，人事财同步

在商业模式顶层设计中，"要钱有钱，要人有人，人事财同步"是一个重要的理念。它要求企业在财务、人力资源和财务与人力资源协同三个方面达到高度的协调和一致性，以确保企业的健康、稳定和可持续发展。这一理念的实现需要企业在各个层面进行深入的探讨和实践，包括战略规划、组织架构、运营管理、企业文化等多个方面。

企业需要拥有足够的资金来支持其日常运营和业务发展，这要求企业要在财务层面达到"要钱有钱"的状态。为了实现这一目标，企业需要采取一系列的策略和措施。

首先，企业需要制定科学、合理的财务规划。这包括对企业的现金流、资本运作、预算等方面进行全面的规划和预测。通过对企业财务状况的深入分析，企业可以明确自身的财务目标，制订相应的财务策略和计划，以确保企业在日常运营和业务发展中资金充足。

其次，企业需要提高资金的使用效率。通过精细化的财务管理和运营管理，企业可以优化成本结构，降低不必要的浪费，从而提高资金的使用效率。这涉及对企业的各项支出进行严格的控制和管理，以确保每一笔资金都能够得到合理的利用。

最后，企业需要积极寻求外部融资。除了自身的经营积累和内部融资，企业还可以通过银行贷款、发行股票或债券等方式进行外部融资。这可以帮助企业快速获得所需的资金，支持其快速发展和扩张。

企业需要拥有足够的人才来支持其业务发展，这就需要在人力资源层面达到"要人有人"的状态。为了实现这一目标，企业需要采取一系列的人力资源管理策略和措施来为人员赋能。

其一，企业需要建立完善的人力资源管理体系。这包括制订人力资源规划、招聘和选拔人才、培训和发展人才、进行绩效管理和实行激励措施等方面。通过建立科学的人力资源管理体系，企业可以吸引和留住优秀的人才，为其提供广阔的发展空间和良好的职业待遇。

其二，企业需要关注员工的培训和发展。人才是企业最宝贵的资源，员工的成长和发展对于企业的成功而言至关重要。因此，企业需要定期开展培训和发展计划，帮助员工提升专业技能和综合素养，以提高其工作效率和创造力。

其三，企业需要建立良好的企业文化。企业文化是吸引和留住人才的重要因素之一。通过营造积极向上、富有创新精神、注重团队合作的企业文化，企业可以增强员工的归属感和忠诚度，从而更好地留住人才。

实现"人事财同步"是商业模式顶层设计的核心目标之一，这要求企业在财务和人力资源两个方面达到高度的协调性和一致性。为了实现这一目标，企业需要关注以下几个关键要素。

其一，企业需要确保财务目标和人力资源目标的协调一致。企业的财务目标和人力资源目标应该相互支持、相互促进，而不是相互矛盾。企业需要在制订战略规划时就充分考虑到财务和人力资源的协同效应，确保各部门在实现企业整体目标的过程中能够相互配合、协调一致。

其二，企业需要实现信息共享。财务信息和人力资源信息的共享能够提高企业内部的沟通效率，促进部门间的协作。通过建立统一的信息平台和管理系统，企业可以实时掌握财务和人力资源状况，为决策提供准确的数据支持。同时，信息的共享还有助于加强部门间的沟通和协作，减少"信息孤岛"现象的产生。

其三，企业需要优化流程对接。财务流程和人力资源流程的对接能够提高企业内部运营效率、降低成本。企业需要对财务和人力资源流程进行全面的梳理和优化，来消除冗余环节，实现流程的简化和对接。例如，在员工薪酬福利管理方面，企业可以将财务部门和人力资源部门的相关流程进行对接，实现薪酬福利的自动化处理和发放，提高财务和人力资源管理工作效率并降低出错率。

其四，企业需要建立风险共担意识。在实现"人事财同步"的过程中，各部门需要共同承担风险和责任。通过建立风险预警机制和应对措施，企业可以提高其抵御风险的能力；通过加强部门间的协作和沟通，企业可以提高整体应对挑战和抵御风险的能力。这种风险共担的意识有助于增强整个组织的凝聚力和战斗力。

最后，企业需要持续改进和创新。在不断变化的市场环境中，企业需要持续关注内外部环境的变化并不断改进和完善管理模式。通过引入先进的财务管理和人力资源管理理念和方法、创新商业模型和服务模式等手段，企业可以提高管理效率和市场竞争力，从而更好地适应市场变化并取得商业成功。例如，利用大数据分析工具对市场趋势进行预测，从而调整财务预算和人力资源规划；通过开展内部培训课程或外部进修项目，提升员工的技能水平和专业素养，从而增强企业的核心竞争力。这些持续的改进和创新过程将有助于企业实现"要钱有钱，要人有人，人事财同步"的目标。

为了更好地理解"要钱有钱，要人有人，人事财同步"的理念，我们可以通过一些具体的案例来进行分析和实践。例如，亚马逊公司通过精细的财务管理和人力资源管理，以及两者的完美结合，实现了商业模式的持续创新和快速发展。

亚马逊公司的财务管理非常精细，它通过数据分析和预测来指导运营决策。公司采用了先进的供应链管理、库存管理和物流配送系统，以降低成本、提高运营效率。同时，亚马逊不断创新商业模式，通过开展电子商务、云计算、数字流媒体等服务来扩大收入来源。

在人力资源管理方面，亚马逊注重员工的招聘和培训，并提供具有竞争力的薪酬和福利。公司倡导开放、平等的文化氛围，鼓励员工提出创新意见和建议。此外，亚马逊还建立了完善的绩效考核和激励机制，以激发员工的积极性和创造力。

在财务与人力资源的协同方面，亚马逊实现了完美的结合。公司通过财务数据的分析和预测来指导人力资源的配置和招聘计划，确保人才供给与业务需求相匹配。同时，亚马逊的人力资源管理也充分考虑到了财务目标，通过优化人员结构和成本结构来支持财务目标的实现。

魅族手机曾经是中国智能手机市场的一匹"黑马"，但在短短几年内就失去了竞争优势。究其原因，主要是其商业模式在执行过程中存在战略短板，主要表现在：魅族在市场定位、品牌建设等方面缺乏清晰的战略规划，导致其产品线过于复杂、品牌形象模糊。同时，魅族在人才配置和激励机制上也存在不足，导致其团队缺乏凝聚力和执行力。这些战略短板最终导致了魅族商业模式的失败。这个案例表明，一个企业商业模式的执行是一个系统的执行过程，任何一个环节存在短板都可能导致整个模式的失败。

通过以上案例分析，我们可以看到实现"要钱有钱，要人有人，人事财同步"的关键，在于精细的财务管理、先进的人力资源管理以及两者的完美结合。企业需要不断创新商业模式、优化运营管理、吸引和留住优秀人才，并实现财务和人力资源的协同发展。

综上所述，"要钱有钱，要人有人，人事财同步"是企业在商业模式顶层设计中追求的重要目标。为了实现这一目标，企业需要关注财务、人力资源和财务与人力资源协同三个方面的发展。在财务层面，企业需要制订科学合理的财务规划，提高资金使用效率并积极寻求外部融资；在人力资源层面，企业需要建立完善的人力资源管理体系，注重员工培训和发展并营造良好的企业文化；在人事与财务协同方面，企业需要确保财务目标和人力资源目标的协调一致，以实现信息共享、优化流程对接、建立风险共担意识和持续改进创新。

未来，随着科技的不断进步和市场环境的变化，企业将面临更多的挑战和机遇。数字化转型、智能化升级、可持续发展等将成为企业关注的重点。企业需要紧跟时代潮流，不断创新商业模式、优化运营管理、提高核心竞争力，以适应市场的变化和满足客户的需求。在这个过程中，"要钱有钱，要人有人，人事财同步"的理念将更加重要。企业需要以此为指导，不断完善自身的财务管理、人力资源管理和财务与人力资源协同机制，以实现商业经营的成功和可持续发展。

第八章
商业模式顶层设计需要在生态中找机会

学会在生态圈中求生存

在当今商业世界，企业间的竞争已经不再是简单的产品与服务的竞争，而是一个生态圈与另一个生态圈的竞争。因此，企业要想在竞争中立于不败之地，就必须学会在生态圈中求生存，并寻找到适合自己的生态圈。

生态圈是指一个特定环境中的生物群落及其所处的大自然共同构成的系统。商业生态圈则是将这个概念应用于商业领域，它包括了与企业相关的所有利益相关者，如供应商、竞争对手、客户、政府机构等。商业生态圈的形成，是基于共同的商业价值观、资源共享、优势互补等原则，通过协同合作来实现共同发展。

商业生态圈的发展历史是一个不断演变和进化的过程。当下的客户合作已经从表面深入到了经营结构之中，这是模式和模式的共生进程。为什么有些客户很难拿下？因为未曾融入对方的生态圈。比如，苹果手机的供应链，虽然很庞大，但是很难进入，就是因为已经有很多匹配的研发公司，从生产角度对标苹果手机已经有了很多年，它们已经深入其生态圈，这就导致它很难容纳生态圈之外的供应商。

从传统商业模式到互联网时代，商业生态圈经历了多个阶段的变革和发展。

在传统商业模式下，企业主要关注的是自身的产品与服务，与外部利益相关者的关系相对简单。这个时期的商业生态圈较为封闭，企业主要依靠自身的资源和能力来获取竞争优势。随着市场竞争的加剧和全球化的发展，企业开始意识到与外部利益相关者建立紧密合作关系的重要性。

20世纪90年代，随着互联网的兴起，商业生态圈开始向网络化方向发展。企业通过互联网平台与供应商、客户、竞争对手等利益相关者建立起了更为紧密的联系。在这个时期，出现了许多基于互联网的商业模式，如电子商务、在线支付等，商业生态圈的边界也得到了进一步拓展。

进入21世纪，商业生态圈进一步演变为一个高度互联、相互依存的系统。在这个系统中，不同的利益相关者之间形成了复杂的合作关系，他们共同创造价值、实现共赢。随着移动互联网、大数据、人工智能等技术的快速发展，商业生态圈的智能化程度也在不断提高。企业可以利用这些技术手段更好地了解客户需求、优化供应链管理、提升生产效率等，从而实现商业价值的最大化。

同时，商业生态圈的发展也面临着一些挑战。例如，如何平衡不同利益相关者之间的利益关系、如何保护数据安全和隐私、如何应对日益激烈的竞争等。因此，企业需要在商业模式顶层设计中注重解决这些问题，以建立一个健康、可持续发展的商业生态圈。

总之，商业生态圈的发展历史是一个不断演变和进化的过程。企业需要紧跟时代潮流，不断调整自身的商业模式和战略方向，以适应市场的变化和商业生态圈的发展。同时，企业也需要注重解决商业生态圈发展中的挑战和问题，以建立一个健康、可持续发展的商业生态圈。

企业在选择适合自己的生态圈时，还需要考虑以下三个方面。

一是企业需要明确自己的核心能力和资源优势，以便在寻找生态圈时能够找到与自身优势相匹配的合作伙伴。

二是企业需要了解市场和竞争对手的情况，以便寻找具有发展潜力的生态圈，并避免陷入恶性竞争。

三是企业需要秉持合作共赢的原则，积极寻求与其他利益相关者的合作机会，共同实现商业价值。

随着市场竞争的日益激烈和商业环境的快速变化，企业必须不断地创新自身的商业模式以适应市场的变化。商业模式顶层设计是企业进行商业模式创新的重要手段之一，而寻找生态圈中的机会则是商业模式顶层设计的重要内容。

首先，商业生态圈为企业提供了更多的商业机会。在生态圈中，不同的利益相关者之间可以相互连接、相互合作，形成多种多样的商业机会。企业通过深入挖掘这些机会，可以找到新的增长点和创新点。

其次，商业生态圈有助于企业提升自身的竞争力。在一个竞争激烈的商业环境中，企业需要不断地提升自身的竞争力以保持领先地位。通过加入一个优秀的商业生态圈，企业可以借助其他利益相关者的优势资源，提升自身的产品和服务质量、降低成本等，从而提升自身的竞争力。

最后，商业生态圈为企业提供了更强的抵御风险的能力。在复杂多变的商业环境中，企业面临着多种风险和不确定性因素。通过加入一个健康的商业生态圈，企业可以与其他利益相关者共同抵御风险、共渡难关，从而增强自身的抗风险能力。

从商业生态圈中寻找机会需要一定的策略和方法。

首先，企业需要深入了解市场和不同的利益相关者，包括他们的需求、资源和优势等。这可以通过市场调研、与利益相关者沟通等方式实现。

其次，在商业生态圈中，不同的利益相关者拥有不同的资源和优势。企业可以通过寻找与自身具有互补性的资源，实现资源共享和优势互补。

再次，企业可以通过创新自身的商业模式来寻找生态圈中的机会。例如，可以采用平台经济的模式来连接不同的利益相关者，实现价值共创。

最后，企业需要时刻关注市场动态和政策变化，以便及时调整自身的商业模式和战略方向。同时，也需要不断了解利益相关者的变化情况，以便及时调整与他们的合作关系。

模式新规则就是生态规则

在当今商业环境中，生态规则已经成为企业成功的关键因素。生态规则已经深深地影响了每一个企业的运营。生态规则是指在一个个特定的生态系统（如抖音生态）中，各个组成部分必须遵循的规则和规律。这些规则通常由系统的核心成员制定，并影响着整个系统的运行。而在商业生态系统中，生态规则通常由主导企业或平台制定，其他企业必须遵循这些规则才能在该生态系统中生存和发展。生态规则包括互惠互利、合作共赢、透明度、信任等原则，旨在促进商业生态圈的健康发展。

模式新规则是企业在商业模式顶层设计中制定的新规则和新原则，其目的在于创新商业模式、提高企业竞争力。而生态规则则是商业生态圈中既有的规则和原则，用于规范企业行为。因此，模式新规则必须符合生态规则的要求，只有这样才能在企业中得到有效的实施。

首先，模式新规则需要遵循互惠互利的原则。在商业生态圈中，每个利益相关者都应该从合作中获得相应的收益，实现共赢。模式新规则需要平衡不同利益相关者的利益关系，确保每个参与者都能从合作中获得价值。

其次，模式新规则需要遵循合作共赢的原则。在商业生态圈中，企业与利益相关者之间需要建立起紧密的合作关系，共同创造价值。模式新规则需要鼓励企业与利益相关者之间开展深度合作，实现资源共享、优势互补，共同应对市场的挑战。

最后，模式新规则需要遵循透明度和信任的原则。在商业生态圈中，信息透明和信任是维系合作关系的重要基础。模式新规则需要确保企业与利益相关者之间的信息透明度，以便建立互信关系，从而降低交易成本和风险。

随着商业环境的变化和市场竞争的加剧，企业需要不断地创新自身的商业模式以适应市场的变化。在当下的商业模式顶层设计中，一些企业制定了一些新的规则和原则，旨在创新商业模式和提高竞争力。

企业需要将客户的需求和利益放在首位，可以通过提供优质的产品和服务来满足客户需求，从而赢得客户的信任和支持。

企业需要借助数字化技术手段，实现数字化转型，以提高生产效率、降低成本、优化供应链管理等。

企业可以采取平台化战略，通过连接不同的利益相关者，形成商业生态圈，以实现资源共享、优势互补、共同创新。

企业可以利用共享经济的理念，通过分享闲置资源、提高资源利用效率来创造新的价值。

企业需要关注可持续发展，通过环保、社会责任等手段来提高企业的社会形象和市场声誉。

企业要适应生态规则，需要在商业模式顶层设计中注重以下五个方面。

一是深入了解利益相关者。企业需要深入了解不同利益相关者的需求、资源和优势等，以便更好地与他们合作、实现共赢。

二是建立合作关系。企业需要与其他利益相关者建立紧密的合作关系，共同创造价值、应对市场的挑战。在合作中，企业需要注重互惠互利、共同成长的原则。

三是保持信息透明度。企业需要与利益相关者保持信息透明度，要及时分享重要的商业信息和数据。这有助于建立互信关系、降低风险和交易成本。

　　四是持续创新。企业需要持续创新自身的商业模式和产品服务，以适应市场的变化和客户的需求。同时，也需要关注可持续发展和社会责任，提高企业的社会形象和市场声誉。

　　五是灵活应对变化。企业需要灵活应对市场的变化和挑战，要能够及时调整自身的商业模式和战略方向。在面对商业生态圈中的变化时，企业需要保持敏感性和快速反应能力。

　　总之，企业要适应商业生态圈的发展和变化，需要在商业模式顶层设计中注重遵循生态规则、建立合作关系、保持信息透明度、持续创新以及灵活应对变化等方面。只有这样，企业才能更好地适应市场的变化和商业生态圈的发展趋势，从而提高自身的竞争力和可持续发展能力。

紧跟最优者既是策略也是模式

　　在商业生态圈中，每个企业都有其独特的定位和优势，但也有其局限性和不足之处。为了弥补自身的不足，企业需要寻找最优的合作伙伴，以提升自身的竞争力和市场地位。紧跟最优者既是企业发展的策略，也是一种重要的商业模式。

最优者是指在商业生态圈中表现最为优秀、最具竞争力的企业或利益相关者。他们通常拥有卓越的创新能力、资源优势、技术实力和市场地位，能够为其他利益相关者提供重要的支持和帮助。

紧跟最优者是企业为了提升自身的竞争力和市场地位而采取的重要策略。紧跟最优者意味着企业需要密切关注市场上的领先者，了解其成功的原因和背后的逻辑，并借鉴其成功经验。通过模仿和学习，企业可以快速提升自身的竞争力和市场地位。然而，这种策略也存在一定的风险，过于依赖他人可能会导致自身失去创新精神和自主发展的能力，陷入"追赶者困境"。而且仅仅模仿他人并不足以取得长期的成功。在生态系统之中，寻找到优质的生态位并实现平替，做得更好，才是实现可持续发展的关键。

在生态系统之中，每个企业都有自己独特的生态位，即其所处的特定环境和位置。优质的生态位通常具有以下几个特点：资源丰富、竞争相对较小、发展潜力巨大。企业应该寻找并占据具有差异化的生态位，避免与强大对手的直接竞争，同时也要利用生态位的优势打造自身独特的竞争优势。

实现平替并做得更好，要求企业在占据生态位后，不断进行创新和改进，以提升自身的竞争力和市场地位。通过持续优化产品和服务，企业可以更好地满足客户需求,从而提升品牌形象和市场占有率。在生态系统之中,寻找到优质的生态位并实现平替、做得更好是企业取得长期成功的关键。通过紧跟最优者并在此基础上进行创新和差异化,企业可以快速提升自身的竞争力和市场地位。同时,企业还应该注重维护与利益相关者的关系,以获得更广泛的支持和资源。未来的商业竞争将更加激烈和复杂,企业需要灵活应对市场变化,不断创新和进化,才能在生态系统中生存和发展。

打造再差异化的产品和服务模式

随着市场竞争的加剧,产品同质化现象越来越严重,企业要想在市场中脱颖而出,就必须打造再差异化的产品和服务模式。通过创新和差异化,为客户提供与众不同的产品和服务,以满足客户的个性化需求,从而赢得市场和客户的认可。

再差异化产品和服务模式是指企业在提供产品和服务时,不应仅仅满足客户的基本需求,还要通过创新和改进,为其提供与众不同的、具有更高附加值的产品和服务。这种模式强调企业需要关注客户的个性化需求，通过深入了解客户的需求和痛点，来为其提供更加贴心、专业和高效的产品和服务。

再差异化产品和服务模式对于当下的商业模式顶层设计非常重要，企业通过提供与众不同的产品和服务，可以塑造独特的品牌形象，吸引更多的客户，从而提升市场份额。在竞争激烈的市场中，独特的品牌形象可以使企业在消费者心中占据一席之地。

再差异化的产品和服务模式能够满足客户的个性化需求，提高客户满意度和忠诚度，使企业能够更好地留住客户。当企业提供的服务和产品符合甚至超越客户的期望时，客户就会更加愿意和企业长期合作，这就为企业带来了稳定的收入和口碑。

同时通过不断创新和改进，企业可以提供更高附加值的产品和服务，从而提高自身的竞争力和盈利能力。再差异化的产品和服务模式可以帮助企业在市场中树立独特的竞争优势，从而获得更高的利润。

那么如何打造再差异化的产品和服务模式呢？

首先，要深入了解客户需求和痛点，要掌握客户的个性化需求和偏好。通过与客户的沟通、调查和市场分析等手段，企业可以更好地把握客户需求，为再差异化提供方向。了解客户的真实需求是打造再差异化的基础，企业可以通过多种方式获取客户反馈。

其次，企业需要不断创新和改进产品和服务，为客户提供与众不同的、具有更高附加值的产品和服务。这包括在产品设计、功能、品质、服务等方面进行创新和改进。创新是打造再差异化的关键，企业可以通过引入新技术、优化产品设计、提升服务质量等方式实现创新。

企业还需要建立快速响应机制，要能够及时响应市场的变化和客户的需求。通过优化内部流程、提高运营效率等手段，企业可以快速调整产品和服务模式，满足客户的个性化需求。快速响应可以帮助企业抓住市场机遇，提升客户满意度。

最后，企业需要持续改进和学习，不断完善自身的产品和服务模式。通过收集客户反馈、分析市场数据等手段，企业可以了解自身的不足和改进空间，并持续优化产品和服务模式。持续改进和学习可以使企业不断提升竞争力，保持再差异化的优势。

随着科技的发展和市场需求的不断变化，越来越多的企业开始探索新兴的再差异化产品和服务模式。

随着消费者对个性化需求的增加，越来越多的企业开始提供定制化的产品和服务。例如，一些服装品牌可以根据消费者的喜好和体型定制服装；一些家具品牌可以根据消费者的家居风格定制家具。这种定制化的服务满足了消费者的个性化需求，提高了企业的销售业绩。

随着智能化技术的不断发展，越来越多的智能化产品也出现在了市场中。例如，智能音箱可以通过语音识别技术实现人机交互；智能家居可以通过互联网实现远程控制；智能手表可以监测健康状况并提醒重要信息。这些智能化产品的出现为消费者提供了更加便捷、高效的生活方式。

还有体验式服务，企业通过提供实际体验来吸引消费者。例如，一些餐厅提供的试吃服务可以让消费者先尝试菜品；一些美容院提供的免费体验可以让消费者了解服务效果。这种体验式服务可以让消费者更加了解产品和服务的价值，从而提高他们的购买意愿。

当下的企业，正在不断通过打造再差异化的产品和服务模式来实现增量。比如蔚来汽车，它是一家新兴的电动汽车制造商，其产品线包括ES6、ES8等多款电动汽车。蔚来汽车注重创新和用户体验，通过提供智能化的驾驶辅助系统、可升级的电池技术和24小时道路救援服务，为用户带来了更加便捷、安全的出行体验。

还有哔哩哔哩。哔哩哔哩是一家以ACG（动画、漫画和游戏）内容为主的视频分享平台，通过独特的弹幕评论和UGC（用户生成内容）模式，吸引了大量年轻用户。哔哩哔哩注重用户体验和内容创新，通过不断推出新的节目和活动，提高了用户黏性和活跃度。

再如步步高，作为一家成功的企业，步步高通过在成熟市场和成熟产品基础上的简化和再差异化，成功地打造了独具特色的产品和服务模式。其发展模式的成功经验，为其他企业提供了宝贵的借鉴。

步步高的差异化战略主要体现在产品、服务和营销三个方面。在产品方面，步步高注重简化和再差异化，以满足消费者对于产品便捷、实用的需求。例如，步步高在电子产品市场上，针对消费者对于产品便捷性的需求，推出了更轻薄、更易携带的产品，同时在功能上进行了优化和升级，以满足不同消费者的个性化需求。

在服务方面，步步高注重提供优质的售前、售中和售后服务，通过不断提升消费者的购物体验，增强了消费者对于品牌的忠诚度。例如，步步高在教育领域推出的智能学习平板，不仅在硬件配置上进行了优化，还提供了丰富的教育资源和个性化的学习方案，为消费者提供了一站式的学习解决方案。

在营销方面，步步高采取了多种策略来提升品牌知名度和市场份额。

步步高始终坚持明确的市场定位，针对目标消费者群体进行精准营销。例如，在教育电子产品领域，步步高主要针对学生和家长群体，提供符合其需求的教育电子产品。

步步高不仅在传统实体渠道上有广泛的布局，还积极开拓线上渠道，通过电商平台和自建官方网站进行销售。这种多元化的渠道策略使得步步高能够更好地覆盖目标消费者群体。

步步高积极与其他知名品牌和企业进行合作，通过联合推广、资源共享等方式扩大市场份额。例如，步步高与一些教育机构合作，共同推出定制的教育产品和服务。

步步高通过大数据分析消费者行为和喜好，进行精准的广告投放。无论是线上还是线下广告，都力求精准触达目标群体，提高广告效果。

社交媒体是当今营销的重要平台。步步高充分利用社交媒体进行品牌推广和活动营销，与消费者建立了互动和沟通的桥梁。例如，通过微博、微信等平台发布新品信息、举办线上活动等，增加了与消费者的互动。

步步高注重为消费者提供良好的购物体验。无论是实体店还是线上购物平台，步步高都致力于创造舒适、便捷的购物环境。此外，通过定期举办新品体验活动，让消费者亲身体验到了产品的优越性。

步步高重视客户关系管理，建立了完善的客户数据库，对客户进行分类管理，并为其提供个性化的服务和关怀。例如，针对长期客户推出积分兑换、会员专享优惠等福利。

再小的企业也有自己的生态模式

在当今的商业环境中，生态模式已经成为企业成功的关键因素。即使是再小的企业，也能够通过构建适合自己的生态模式，在激烈的市场竞争中获得优势。

其一，企业需要明确生态模式的定义和价值。生态模式是指企业通过与外部合作伙伴、供应商、渠道等建立合作关系，共同创造价值、实现共赢的一种商业模式。这种模式能够帮助企业拓展资源、增强竞争力，进而实现可持续发展。

在生态模式中，企业不再是孤立的个体，而是成为一个生态系统的成员。这个生态系统中的每个成员都有其独特的资源和能力，通过相互协作和共享资源，可以共同应对市场的挑战和机遇。

其二，企业需要寻找适合自己的生态位。在生态模式中，每个企业都有自己的位置和角色，这个位置和角色决定了企业在生态系统中的地位和影响力。企业需要根据自身的资源和能力，寻找适合自己的生态位，并在这个位置上发挥自己的优势。

其三，企业需要与合作伙伴建立互利的合作关系。在构建生态模式的过程中，企业需要与各种不同的合作伙伴打交道，包括供应商、渠道商、竞争对手等。企业需要与这些合作伙伴建立互利的合作关系，共同创造价值。

最后，企业需要持续优化和调整生态模式。随着市场的变化和技术的更新，企业的生态模式也需要不断优化和调整。企业需要密切关注市场动态和竞争对手的动向，并及时调整自身的战略和生态模式。

在商业生态日益重要的今天，即便是小型企业也有机会构建自己的生态模式。这里提出一种基于精确小数据的精细小生态模式，希望能够帮助小企业在特定的领域中建立竞争优势，实现可持续发展。通过建立自己的生态根据地、完整的股权分散机制以及绑定上下游关系，小企业可以打造出一个具有吸引力的生态闭环，从而实现商业价值的最大化。

精确小数据在精细小生态模式中发挥着至关重要的作用。通过对市场、客户、产品等各方面的数据进行深入分析，小企业可以更准确地把握市场需求，进而制定出更加有效的商业策略。这种基于数据的精细化管理模式，有助于提高企业的运营效率和客户满意度，进而提升企业的竞争力。

小企业在构建自己的生态模式时，首先需要找到一个具有竞争优势的生态根据地。这个根据地可以是市场、技术、产品或是服务的一个细分领域,选择的关键在于它要能够为企业在商业生态中提供稳定的支撑和发展的空间。通过深耕这个根据地,小企业可以逐渐扩大自己的影响力,从而吸引更多的合作伙伴和资源,进而构建一个更加完整的商业生态。

在精细小生态模式的构建过程中,小企业需要建立一套完整的股权分散机制。通过合理地分配股权,企业可以有效地吸引和绑定更多的合作伙伴,形成一个利益共享、风险共担的商业联盟。这种机制不仅可以为企业带来更多的资源和支持,同时也可以增强企业的抗风险能力,实现更加稳健的发展。

在商业生态中,上下游关系的稳定和紧密程度对于企业的发展至关重要。小企业应该积极与上下游企业建立良好的合作关系,并通过互利共赢的方式实现共同发展。同时,为了进一步稳定这种关系,小企业可以通过股权合作、战略联盟等方式与上下游企业进行深度绑定,以确保在商业生态中的稳定地位和持续发展。

一个具有吸引力的生态闭环是小企业生态模式的标志之一。这种闭环的形成意味着企业在其所在的商业生态中具有完整的产业链条和良好的内循环机制。通过这种闭环,小企业可以更加高效地整合内外部资源,提高运营效率,降低成本,从而更好地满足市场需求。同时,一个具有吸引力的生态闭环也能够为企业带来更多的合作伙伴和客户，进一步提升其在商业生态中的地位和影响力。

精细小生态模式为小企业的发展提供了新的思路和方向。通过基于精确小数据的精细化管理和运营，建立具有竞争优势的生态根据地，以及与合作伙伴建立稳定、紧密的合作关系，小企业可以打造一个具有吸引力的商业生态闭环。这不仅有助于企业在激烈的市场竞争中脱颖而出，同时也有利于实现可持续发展和长期商业价值的最大化。

举个例子，绿源农业合作社，主要业务领域是绿色有机农产品种植与销售。

它的生态模式如下。

一是本地化种植。绿源农业合作社专注于本地有机农产品的种植，与当地的农户建立了合作关系。通过提供有机种植技术和市场销售渠道，绿源帮助农户转型为有机种植户，从而保证了产品的质量和可持续性。

二是社区合作。绿源与当地的社区合作，为社区居民提供新鲜的有机蔬菜和水果。这种社区支持农业（CSA）模式不仅为居民提供了健康的食物，还加强了与社区的联系和信任。

三是线上线下整合。绿源利用互联网平台进行线上销售，同时也在当地设立了农产品直销点。这种线上线下整合的销售模式提高了产品的覆盖范围和销售效率。

四是合作伙伴关系。绿源与一些餐馆、健康食品商店建立了合作关系，为其提供有机食材。这种合作伙伴关系不仅增加了销售渠道，还为绿源带来了稳定的客源。

五是教育与培训。绿源定期举办有机农业知识和技能培训，帮助了更多的农户转型为有机种植户，同时也提高了消费者对有机农产品的认识和信任。

绿源农业合作社通过构建一个以本地有机农产品为核心的精细小生态系统，实现了业务的可持续发展。它与农户、社区、餐馆和其他合作伙伴建立了互利的合作关系，共同创造了一个健康、可持续的农业生态。这个案例表明，即使是一家小企业，也可以通过构建适合自己的生态模式，在激烈的市场竞争中获得优势。

特别值得一提的是，精细小生态模式是一种"小而美＋小而精"的商业模式，它是一种专注于特定市场细分，并通过提供高质量、专业化的产品或服务来满足消费者特定需求的商业策略。这种模式的特点在于其精致和专业性，以及对目标消费者群体的深入了解和精准定位。

"小而美"指的是企业规模虽小，但却具备独特的价值和美誉度。这种模式强调的是在特定领域或市场中能提供具有特色和优势的产品或服务，以满足消费者对品质和个性化的需求。"小而美"的企业通常在产品研发、设计、服务等方面追求极致，能打造出独具特色的品牌形象和产品口碑。

"小而精"则是指企业在规模较小的情况下,通过专业化、精细化的运营和管理,实现高效的生产和供应链管理。这种模式注重对产品或服务的精细打磨和技术创新,以满足消费者对高品质、高性能的需求。同时,"小而精"的企业通常具备较强的技术研发能力和市场敏锐度,能够快速响应市场变化和消费者需求。

典型的"小而美+小而精"的商业模式在某些光学器件企业中得到体现,如蔡司(Carl Zeiss)。蔡司作为一家德国的光学仪器制造商,专注于高端显微镜、望远镜、相机等光学产品的研发和生产。它以其卓越的品质、精湛的工艺和创新的科技而闻名于世。蔡司的成功在于它能够精准地定位目标市场,并为其提供高性能、高品质的光学产品,满足了专业领域用户的需求。同时,蔡司注重技术研发和产品创新,不断推动光学技术的发展和应用。

除了蔡司之外,还有许多其他"小而美+小而精"商业模式的企业,如一些专注于特定领域的医疗器械企业、高级定制的服装品牌等。这些企业通常具有较强的技术实力和市场敏锐度,能够精准地定位目标市场和消费者需求,并为其提供专业化的产品和服务,打造出了独特的品牌形象和市场地位。

除了以上几种,还有最常见的商业模式,如互联网模式、直销模式、连锁模式、资本模式、金融模式、产业链模式,而且这些商业模式可以叠加设计,可以多形式互加设计。例如,淘宝网商业模式的生态系统构成是"互联网模式+产业链+新零售+金融模式"等的结合。

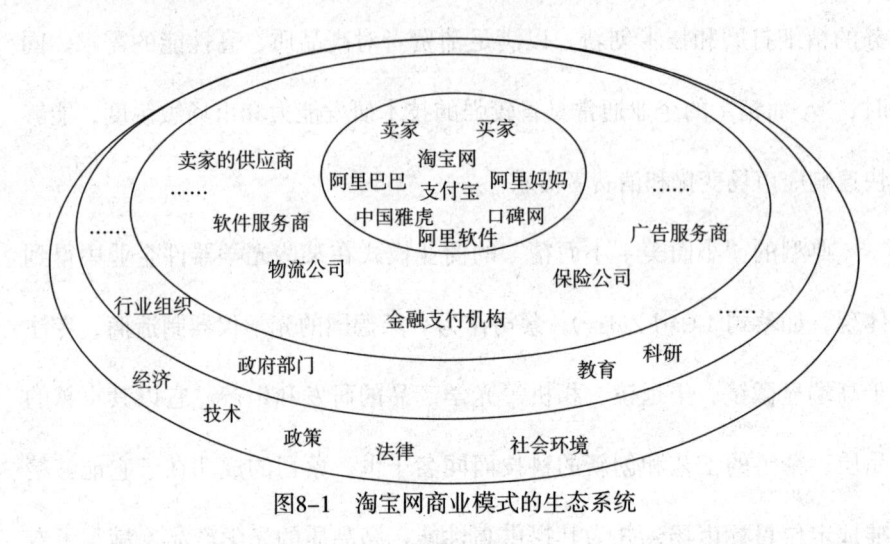

图8-1 淘宝网商业模式的生态系统

由此可见,企业不分大小,再小的企业,再小的市场划分,都能够找到属于自己的生态模式。企业没有利润的产品要升级商业模式,把没有利润的产品做成引流,然后做成产品链和收入链,这个过程要从人的角度出发去思考,不应从产品的角度出发去设计。

第九章
永续经营，可复制的商业模式

打造企业的"护城河"

当企业掌握了顶层设计的基本原则和技巧后，接下来需要关注的是如何确保企业的永续经营和商业模式的可复制性，通过打造企业的"护城河"，可以帮助企业形成长久竞争优势和可持续增长。

"护城河"是指企业通过独特资源和能力所形成的竞争优势，这些资源和能力可以使企业在市场中能够抵御竞争对手的攻击，并保持稳定增长。一个坚固的"护城河"是企业长久经营的关键，它可以帮助企业在竞争激烈的市场环境中保持领先地位，从而实现永续经营。

企业的"护城河"可以分为不同的类型，其中常见的包括无形资产、转换成本、网络效应、成本优势和规模效应等。

企业的无形资产包括品牌、专利、商标等，这些资产能够为企业创造独特的价值，并提高企业的竞争力。

转换成本是指企业将客户从一种产品或服务转移到另一种产品或服务时所需要花费的成本。如果企业的产品或服务具有较高的转换成本，那么这意味着客户一旦选择了该企业的产品或服务，就不容易转向其他竞争对手。

网络效应是指企业的产品或服务随着用户数量的增加而变得越来越有价值。例如，社交网络和支付平台，用户数量越多，该平台就越有价值。

成本优势是指企业通过降低成本来提高盈利能力。如果企业的成本比竞争对手低，那么它就可以在市场上获得更大的份额。

规模效应是指随着企业规模的扩大，其盈利能力也会随之提高。这是因为大规模生产可以降低单位产品的成本，并提高生产效率。

企业的"护城河"对企业的发展具有至关重要的作用。

企业的"护城河"可以有效地阻止竞争对手的进入，这为企业提供了保护，使其能够在市场中持续占据领先地位；能够增强企业的品牌影响力和消费者忠诚度，强大的品牌形象和消费者忠诚度能够帮助企业在市场中获得更大的份额；能够使企业长期保持高资本回报率，有助于企业减少竞争对手的模仿和复制,并使企业能够持续地获得利润;还能够保护企业安全,防止外敌入侵,这就能确保企业的长期生存和稳定发展;能够帮助企业快速摆脱困境,这种结构性竞争优势可以使企业迅速适应市场变化并采取有效的应对措施;能够增强投资者的信心,有助于企业获得更多的投资机会,从而加速企业的发展。

那么如何打造企业的"护城河"呢?

首先,企业需要明确其核心竞争力是什么。这可能是独特的产品、技术、品牌、渠道或是管理方式。明确核心竞争力是构建"护城河"的基础。

其次,持续的研发和创新是保持竞争力的关键。企业应不断探索新技术、新产品,以确保在市场上始终保持领先地位。

最后,品牌是企业的重要资产,它代表着消费者的信任和认可。企业需要投入资源来塑造和维护其品牌形象,确保在消费者心中形成独特的价值认知。

有效的渠道网络能够帮助企业将产品快速地推向市场。企业应与合作伙伴建立稳固的关系,以确保产品的流通不受阻碍。

高效的运营管理能够降低成本、提高效率。通过引入先进的管理理念和方法,企业可以形成难以模仿的成本优势。

企业应建立健全的风险管理机制,要能及时识别和应对各种可能威胁到其运营的风险。

面对变化的市场环境，企业应保持敏锐的洞察力，不断调整和优化其商业模式。同时，还应鼓励内部学习和创新，使组织始终保持活力。

要实现永续经营，企业就需要打造出一条"护城河"，以确保在竞争激烈的市场环境中保持领先地位。

流量为王的时代，如何复制

在当今的商业环境中，流量已成为企业成功的关键因素之一。流量为王意味着拥有大量的潜在客户和用户是企业成功的关键。为了适应这一时代特点，企业需要采取可复制的商业模式。

可复制的商业模式是指那些经过验证，能够快速、有效地在不同市场和地域中进行复制的商业运营模式。这种模式具有标准化、简洁性和可扩展性的特点，使得企业能够迅速扩大规模的同时，保持稳定的运营效率和盈利能力。

通过采用可复制的商业模式，企业可以实现快速扩张和持续经营。

建立标准化的业务流程和操作规范，确保在不同市场和地域中都能够提供一致的产品和服务。这有助于提高运营效率和客户满意度,降低运营成本,并增强企业的品牌形象。然后采用先进的运营管理理念和方法,提高运营效率和成本控制能力,以确保在快速扩张中保持稳定的盈利能力。这包括优化供应链管理、降低库存成本、提高生产效率等措施。最后有效地整合内外部资源,优化供应链管理,以确保产品供应的稳定性和成本控制。与供应商建立长期合作关系,通过批量采购等方式降低采购成本,同时确保产品质量和供应的稳定性。

企业可以成功地通过可复制的商业模式实现永续经营。这些策略不仅有助于企业快速扩张和增加市场份额,还能提高运营效率和盈利能力,并确保企业在竞争激烈的市场环境中保持领先地位。

通过打造可复制的商业模式,企业能够建立起强大的"护城河",保护其核心业务不受外界竞争的威胁。这种"护城河"的形成源于企业所具备的竞争优势和可持续盈利能力,它使企业能够在市场中获得持续增长和领先地位。

可复制的商业模式能够帮助企业快速扩张并降低成本,从而提高市场份额和盈利能力。通过标准化流程和高效运营管理,企业能够降低运营成本并提高运营效率,从而形成成本优势。这使得企业在市场中具备更强的竞争力,并能够抵御竞争对手的攻击。

此外,可复制的商业模式还能够为企业带来规模效应。随着企业规模的扩大，企业在采购、生产、物流等方面的成本将逐渐降低。企业可以利用规模效应来降低成本、提高产品质量和服务水平，从而进一步提升竞争优势和盈利能力。

因此，通过打造可复制的商业模式，企业能够建立起强大的"护城河"，保护其核心业务并实现永续经营。这有助于企业在竞争激烈的市场环境中保持领先地位，实现长期稳定的发展。

在当今商业环境中，流量已成为企业成功的关键因素之一。流量为王意味着拥有大量的潜在客户和用户是企业成功的关键。为了适应这一时代特点，企业需要采取以下策略：

一是获取流量。通过各种渠道和平台获取潜在客户和用户流量，如社交媒体、搜索引擎优化（SEO）、广告投放等。制定有效的营销策略和推广活动，来增加网站访问量、产品曝光率和用户注册量。同时要关注流量的质量和转化率，要确保获得的流量具有较高的潜在价值和商业价值。

二是转化流量。将获取的流量转化为实际客户和用户，提高转化率。这需要提供有吸引力的产品和服务，以及优化用户体验和网站设计。要确保网站内容清晰、易用、有吸引力，并提供优质的产品和服务，以满足用户需求。同时要建立有效的客户关系管理系统，跟踪用户行为并进行个性化营销以提高转化率。

三是维护流量。通过提供优质的产品和服务,以及建立客户关系管理系统,维护老的客户和用户,以提高用户忠诚度和留存率。建立与客户的良好关系和互动机制,定期推送有价值的内容和服务,以保持用户的关注度和活跃度;同时要关注用户体验和反馈,并及时解决用户问题和满足其需求。

四是创新与改进。根据市场需求和用户反馈,不断进行产品和服务创新,以吸引更多流量并保持用户忠诚度。关注行业趋势和技术发展,结合企业自身特点和资源优势进行创新。

五是合作伙伴关系建立。与其他企业和机构建立合作伙伴关系,共享流量资源,扩大潜在客户和用户基础。通过合作共赢的方式,共同推广产品和服务,以提高市场知名度和覆盖率。

六是内容营销与社交媒体推广。通过创建高质量的内容和运用社交媒体推广策略来吸引和留住用户流量。根据目标受众的特点和兴趣,制定有针对性的内容营销策略,运用社交媒体平台进行广泛传播。同时要关注内容的持续性和更新频率,以保持用户的关注和互动。

七是数据驱动决策。运用数据来指导产品开发、营销策略和商业模式优化等决策过程,以提高效率和盈利能力。通过数据分析工具跟踪和分析流量数据、用户行为数据等关键指标,来深入了解市场需求和用户偏好,从而为决策提供有力支持。

八是客户支持与服务。提供优质的客户支持与服务，解决用户问题并满足其需求，以提高用户满意度和口碑传播效应。建立高效的客户服务体系，并提供便捷、快速的响应和解决方案。同时要关注客户反馈和投诉，要及时改进产品和服务质量，从而提升客户满意度和忠诚度。

通过以上策略的执行，企业能够适应流量为王的时代特点，并成功地复制商业模式。只有在流量获取、转化、维护和创新方面采取有效措施，才能确保企业在竞争激烈的市场环境中保持领先地位，并实现永续经营的目标。

在当今商业环境中，流量为王的时代对企业提出了更高的要求。企业需要不断创新和改进商业模式，以适应市场的变化和用户的需求。通过采用可复制的商业模式、优化运营管理、打造强大的品牌和渠道等策略，企业能够实现永续经营的目标。同时，企业需要关注流量的获取、转化和维护，并不断创新和改进产品和服务，以保持竞争优势。通过适应流量为王的时代特点，企业能够成功地复制商业模式，实现永续经营。

这里特别提出"品牌+圈子"的商业模式。

"品牌+圈子"是流量为王的时代，设计师品牌的崛起与品质生活的格调型创业模式。

随着消费升级和个性化需求的增长，设计师品牌在市场中逐渐崭露头角。这些品牌通常由具有创意和独特审美观的设计师创建，通过提供高品质、个性化的产品或服务,来满足消费者对品质生活的追求。设计师品牌已经成为一种新兴的商业模式,引领着时尚和品质生活的潮流。

在流量为王的时代,设计师品牌往往就代表着流量,它通常精准定位某一特定消费群体,深入挖掘其需求和偏好,并通过提供独特的设计和优质的产品,来赢得消费者的认可和信任。这种个性化需求的满足使得设计师品牌在市场中具有较高的竞争力。

设计师品牌注重产品的品质和工艺,追求匠人精神。设计师通常会亲自参与产品的设计和制作,以确保每一个细节都达到极致。这种对品质的执着和追求,使得消费者愿意为设计师品牌支付更高的价格,并成为品牌的忠实拥趸。

在流量为王的社交媒体时代,设计师品牌通过社交媒体平台展示自己的作品和创意,与消费者建立互动和沟通。而消费者在社交媒体上的分享和推荐,就进一步扩大了品牌的知名度和影响力。

设计师品牌通常拥有一批忠实的粉丝,他们不仅是消费者,更是品牌的传播者和捍卫者。设计师通过建立社群,与粉丝互动交流,倾听他们的声音,来不断优化产品和服务。这种粉丝经济效应为品牌带来了巨大的商业价值。

日本和法国是设计师品牌最为发达的国家之一。许多设计师品牌在这些国家中脱颖而出,成为品质生活的代表。例如,日本的无印良品

（MUJI）和法国的皮尔卡丹（Pierre Cardin），它们都是设计师品牌的佼佼者，它们都以其独特的设计和品质赢得了全球消费者的青睐。这些品牌的成功经验为其他设计师品牌的崛起提供了借鉴和启示。

流量为王的时代，设计师品牌作为一种新兴的商业模式，以其品牌效力迅速复刻，具有巨大的市场潜力和商业机会。通过精准定位、品质保证、社交媒体营销以及粉丝经济效应等手段，设计师品牌能够建立起强大的品牌影响力和商业价值。未来，随着消费市场的不断变化和发展，设计师品牌将有更多的机会崭露头角，成为引领品质生活的典范，在这个过程中，我们就可以建立自己的生活方式品牌，以实现价值传播和传承。

商业模式画布

商业模式画布是一种可视化的工具，用于描述和设计企业的商业模式。通过使用画布，企业可以更好地理解商业模式的构成要素、各要素之间的关系以及如何优化和改进商业模式。这种工具提供了一种结构化和系统化的方法，有助于企业在创新和改进方面进行更加有效的思考和决策。

商业模式画布由九个部分组成，分别是客户细分、价值主张、渠道通路、客户关系、收入来源、核心资源、关键业务、合作伙伴以及成本结构。这些部分共同构成了商业模式的完整视图，帮助了企业全面了解和优化商业模式。

客户细分：是指将潜在客户划分为不同的群体，以便针对不同群体提供有针对性的价值主张。客户细分有助于企业更好地理解客户需求，提高客户满意度和忠诚度。

价值主张：是指企业为客户创造的价值和利益，通常包括产品或服务的独特卖点、优势以及能够满足客户的特定需求。价值主张是企业吸引和维持客户的关键。

渠道通路：是指企业通过哪些渠道和方式将产品或服务传递给客户。渠道通路的选择对于企业的市场覆盖和销售效率至关重要。

客户关系：是指企业与客户之间的互动和联系，包括与客户建立长期关系的策略和维护客户关系的措施。建立良好的客户关系有助于提高客户满意度和忠诚度。

收入来源：是指企业的主要收入来源，通常与价值主张相对应。了解收入来源有助于企业制定有效的定价策略和市场推广策略。

核心资源：是指企业为了支持商业模式的正常运行所必需的关键资源，如技术、人才、资本等。核心资源是企业成功执行商业模式的基础。

关键业务：是指企业为了实现价值主张所必需的核心业务活动。关键业务是企业成功执行商业模式的关键要素。

合作伙伴：是指与企业在价值链上合作的伙伴，以降低成本、提高效率或扩大市场覆盖。合作伙伴关系对于企业的成功至关重要，有助于实现共赢和共同发展。

成本结构：是指企业在运营过程中产生的各种成本，包括直接成本和间接成本。优化成本结构有助于企业提高盈利能力。

通过详细分析这九个部分，企业可以全面了解自身的商业模式，并识别存在的问题和改进的机会。这有助于企业不断创新和提高竞争力，实现永续经营的目标。

那么如何使用商业模式画布呢？

在开始使用画布之前，企业需要明确研究的目标，如确定新的市场机会、改进现有商业模式等。这将有助于企业在使用画布时更加有针对性地进行分析和设计。

然后收集与商业模式相关的各种信息，包括市场数据、竞争对手分析、客户需求等。这些信息将有助于企业在画布上更加准确地描述商业模式。

根据收集的信息，将各个部分填写到画布上。在填写过程中，需要特别关注各要素之间的关系和相互影响，以确保商业模式的整体协调性和可行性。

接下来对填写完成的画布进行分析和评估。企业需要关注各个部分的协调性和一致性，并深入了解潜在的问题和改进的机会。同时，还需要评估商业模式的可行性和盈利能力。

根据分析和评估的结果，制订相应的改进方案。改进方案应重点关注商业模式的优化和创新，以提高企业的竞争力和盈利能力。同时，还需要考虑如何更好地满足客户需求和提高客户满意度。

将改进方案付诸实践。在实施过程中，企业需要关注改进方案的可行性和效果，并及时调整和优化方案，以确保达到预期的目标。

商业模式不是一成不变的，而是需要根据市场变化和客户需求进行持续的改进和创新。因此，企业需要定期使用商业模式画布进行评估和优化，以确保商业模式的持续可行性和竞争力。

通过以上步骤，企业可以有效地使用商业模式画布来描述、设计和优化自身的商业模式。这有助于提高企业的竞争力和盈利能力，实现永续经营的目标。

商业模式画布不仅可以帮助企业设计新的商业模式，还可以用于评估和改进现有的商业模式。具体而言，它的应用范围包括以下几个方面。

通过使用画布，企业可以对市场进行深入的分析和研究，了解客户需求、竞争对手情况以及市场趋势等关键信息。这有助于企业发现新的市场机会和商业机会，从而设计出更符合市场需求的价值主张和商业模式。

商业模式画布为企业提供了一种可视化的工具，帮助企业管理层更好地理解商业模式的构成要素及各要素之间的关系。通过分析和评估现有模式的问题和不足之处，企业可以更加有针对性地进行创新和变革，以适应市场的变化和客户的需求。

在商业模式中，合作伙伴的选择和管理对于企业的成功十分重要。通过使用画布，企业可以明确合作伙伴在商业模式中的角色和价值，以及如何与合作伙伴建立和维护关系。这有助于企业实现资源共享、降低成本和提高市场竞争力。

商业模式画布为企业提供了一种战略规划的工具，帮助企业制定和实施有效的战略。通过详细分析商业模式的各个要素，企业可以明确自身的优势和劣势，以及市场机会和威胁。这有助于企业做出更加科学和合理的战略决策，从而提高决策效率和执行力。

随着市场环境的变化和客户需求的升级，企业需要不断地进行组织变革和发展。通过使用商业模式画布，企业可以更好地理解组织内部的运作方式和业务流程，发现组织变革的需求和方向。这有助于企业优化组织结构、从而提高运营效率和市场响应速度。

在大型企业或组织中，不同部门之间的协同与整合至关重要。通过使用商业模式画布，企业可以促进各部门之间的沟通与合作，确保商业模式的顺利实施和整体效益的实现。这有助于打破部门壁垒、提高资源利用效率和整体竞争力。

商业模式画布不仅可以帮助企业分析和设计商业模式，还可以作为一种教育和培训的工具。通过培训员工使用画布，企业可以提高员工的商业思维、创新能力和团队协作能力。这有助于企业培养一支高素质的团队，从而为企业的长期发展提供人才保障。

对于上市公司而言，与投资者之间的关系管理至关重要。通过使用商业模式画布，企业可以向投资者清晰地展示自身的商业模式、发展战略和商业价值。这有助于增强投资者对企业的了解和信心，提高企业的市场价值和融资能力。

商业模式画布可以帮助企业明确自身的品牌定位和价值主张，从而为制定更加精准的品牌传播策略提供基础。通过向目标受众传递与企业商业模式相符合的品牌形象和价值，企业可以提高品牌知名度和忠诚度，从而增强品牌的市场竞争力。

综上所述，商业模式画布作为一种强大的可视化工具，可以帮助企业在创新、变革、战略规划、组织发展、跨部门协同、人才培养、投资者关系管理以及品牌建设等方面取得更好的成果。通过深入理解和应用商业模式画布的原理和方法，企业可以不断优化自身的商业模式，提高竞争力和盈利能力，实现永续经营的目标。

收入怎么样　　成本有多少　　核心竞争力是什么　　找到合伙人

明白客户是谁　　客户关系如何　　价值与独特性

图9-1　商业模式设计七大关键

精深小企业的商业模式设计

在商业世界中,我们常常被大型企业的辉煌所吸引,然而,真正支撑起一个国家经济繁荣的,往往是那些默默无闻却拥有精湛技艺的小企业。它们在各自的领域里追求极致,以专业主义和精确度为生存之道。这种追求精深的小企业模式已经成为全球范围内的一种趋势。任正非说:"精确度主义,从来就是一个模式的设计方向。"从光刻机的荷兰现象到德国、荷兰的精密工业和小企业集群模式,再到瑞士的钟表传统和日本稻盛和夫的经营哲学,都通过精确度和专业主义的商业模式设计,实现了从传统到现代的转型。

光刻机是现代半导体制造的核心设备,而荷兰的 ASML 公司是全球领先的光刻机供应商。为何光刻机出现在荷兰?这背后涉及荷兰的精密工业和小企业集群模式。荷兰存在着大量专注于某一细分领域的小企业,它们在各自的领域里追求极致,与 ASML 等大企业形成了紧密的合作关系。这些小企业通常拥有先进的制造技术和独特的创新能力,能够为特定客户提供高质量的产品和服务。这种模式的核心就在于专业性和精确度,每一个小企业都致力于成为全球范围内的领先者,从而共同构建了一个强大的国家经济体系。

德国、荷兰的精密工业和小企业集群模式也是一种成功的商业模式设计。这种模式的核心在于小企业之间的紧密合作和协同创新。在德国和荷兰,存在着大量规模较小但技术领先的企业,它们专注于某一细分领域,通过不断创新和优化产品技术,赢得了市场份额。这些企业通常拥有高度专业化的技术和设备,并能够为客户提供定制化的产品和服务。在产业集群中,小企业之间形成了一种紧密的合作关系,通过共享资源、技术和市场信息,共同应对了外部竞争和挑战。这种模式的成功在于它将小企业的灵活性和创新性优势与大企业的规模和资源优势相结合,实现了产业链的高效协同和资源的优化配置。

瑞士钟表业是一个典型的传统产业,在世界上享有极高的声誉。其背后是瑞士钟表业对精湛技艺和品质的追求,以及百年技艺传承的商业模式。瑞士的钟表企业虽然通常规模较小,但它们在制表工艺上却追求极致,注重每一个细节。这种模式的设计使得瑞士钟表业在全球范围内具有极高的竞争力,成为品质和工艺的代名词。瑞士钟表业的成功不仅仅在于其精湛的技艺和卓越的品质,更在于其传承和发扬传统文化的商业模式设计。瑞士钟表企业注重传承家族文化和制表技艺,通过培训和教育不断提高员工的技能和素质。同时,瑞士钟表业也注重与全球各地的文化交流和合作，不断推出具有文化内涵和创意的新品，满足了消费者对个性化、差异化的需求。这种模式的成功不仅在于其产品的高品质和高附加值，更在于其不断提升品牌价值和市场影响力的能力。

日本著名的企业家稻盛和夫创立的京瓷集团和 KDDI 集团都是世界五百强企业。稻盛和夫的经营哲学就是"做精"和"求真"。他强调在企业的经营活动中，不仅要注重创新和差异化，更要将产品和服务做精、做透。这种模式的设计使得京瓷集团在激烈的市场竞争中脱颖而出，成为全球范围内的高科技材料领导者。稻盛和夫的经营哲学不仅仅是一种商业理念，更是一种人生态度和哲学思想。他认为只有不断追求卓越和创新，才能在激烈的市场竞争中立于不败之地。同时，他也强调企业应该承担社会责任和义务，为社会做出贡献。这种经营哲学不仅使得京瓷集团在全球范围内取得了商业成功，还为其赢得了广泛的声誉和尊重。

在我国也有这样一家精深小企业——无锡航亚科技，虽然它是一家传统的航空零部件制造企业，但它在现代化的转型过程中，通过精确度和专业性的商业模式设计，实现了从传统到现代的跨越。公司主要产品包括航空发动机压气机叶片、整体叶盘和骨科植入物锻件等。通过与法国赛峰、美国 GE 航空、英国罗罗等国际知名企业的紧密合作，航亚科技实现了进口发动机关键零部件的国产化替代。这种模式的成功在于它将传统的制造技艺与现代化的市场需求相结合，通过精准的市场定位和卓越的产品品质，赢得了全球客户的信赖。航亚科技的成功不仅仅在于其产品的高品质和市场定位的准确性，更在于其不断推进科技创新和提升制造水平的努力。公司注重引进先进的生产设备和工艺技术，以提高生产效率和产品质量。同时，航亚科技也注重人才培养和技术研发，通过不断的技术创新和市场开拓，提升了企业的核心竞争力。这种模式的成功不仅为航亚科技带来了商业上的成功，更为其赢得了广泛的声誉和品牌价值。

精深小企业的商业模式设计是一种追求卓越和极致的模式。在全球化和竞争激烈的市场环境中，小企业需要不断创新和优化商业模式，以应对外部竞争和挑战。通过专业主义、精确度、创新和品质的追求，小企业可以在各自的领域里成为领先者，并为国家经济的繁荣做出贡献。这种模式的成功不仅在于其产品和服务的高品质，更在于其企业文化的传承和发扬。小企业需要注重人才培养和技术研发，通过不断创新和提升自身的核心竞争力，来实现从传统到现代的转型。

> 一家门店复制裂变为一万家门店，一家公司复制裂变为一千家公司，"简单化·标准化·可复制"，是"小而美+小而精"的商业模式，也是快速连锁的核心。
> ——千海

同时，政府也应该为小企业的发展提供支持和保障，要为其创造良好的营商环境和政策条件，来共同推动经济的繁荣和发展。在未来的商业世界中，精深小企业的商业模式设计将继续发挥其独特的商业价值和社会意义，成为推动经济发展的重要力量。

企业家以终为始的思维，决定企业的长久发展

　　企业家分两类，一类是伟大的企业家，一类是强大的企业家！伟大的企业家能推动人类发展，为社会创造价值。强大的企业家更多的就是为了成就自己，创造财富。所以以终为始的起心动念决定了一个伟大的企业。以终为始的思维是指企业家在创立和运营企业的过程中，要始终以长期发展为目标，并注重企业的持久性和稳定性，而不是仅仅追求短期利润。这种思维方式对于企业的长久发展至关重要，因为它可以帮助企业家在面临挑战和困难时保持冷静和理智，始终坚持正确的方向和原则。

　　欧洲几百年的家族企业和精深小企业之所以能够坚持下去，在很大程度上就是因为这些企业家具备以终为始的思维方式。他们注重品质、诚信和服务，而不是追求一时的利益。他们相信只有长期坚持高品质的产品和服务，才能赢得客户的信任和忠诚，从而在市场上获得持久的竞争优势。

　　阿里巴巴集团的成功跟创始人的愿景和长期主义是分不开的，我去

阿里巴巴考察的时候，发现其创始人马云打造的企业文化，深深地扎根在阿里每个部门的工作流程中。

阿里巴巴集团以 B2B 电子商务平台起家，为全球供应商和采购商提供一个高效的交易平台。通过阿里巴巴的电子商务平台，企业可以轻松找到目标客户，从而降低了交易成本，并提高了供应链效率。此外，阿里巴巴还发展了 B2C 和 C2C 平台，如淘宝和天猫，为消费者提供了丰富的商品选择和便捷的购物体验。随着阿里巴巴的发展，它的商业模式也在升级，除了电子商务平台，云计算服务、数字化营销、物流配送等商业模式的结合使阿里巴巴飞速地发展，通过对阿里巴巴商业模式的分析，我们可以看到其强大的竞争优势和广阔的发展前景。然而，面对未来的挑战，阿里巴巴仍在不断优化和完善其商业模式，以适应市场的变化和顺应科技发展趋势。

浙江省是我国唯一一个获批建设共同富裕示范区的省份，其取得的成就令人瞩目。在浙江不同产业下的企业都有这类商业模式的代表，这些企业都有百年的历史，并且经营至今。他们之所以能够坚持下去，是因为他们始终注重品质和诚信，并不断优化产品和服务，以满足客户的需求。这些企业的经营哲学是以品质为本，注重传承和创新，并不断推陈出新，从而在市场上获得了持久的成功。

比如，中国名茶龙井茶，它主要由四家企业经营，分别是杭州的"狮峰龙井"、"梅家坞龙井"、"云栖龙井"和"虎跑龙井"。

狮峰龙井是杭州著名的龙井茶生产企业之一,其前身可以追溯到清朝末年。该企业以生产高品质的狮峰龙井茶而闻名,它注重品质和诚信,采用传统的制茶工艺和严格的质量控制,确保了每一片茶叶都能达到最高品质。同时,狮峰龙井还注重品牌建设和市场推广,仍在不断提升品牌知名度和影响力。

梅家坞龙井企业位于杭州市西湖区梅家坞村,是杭州市内著名的龙井茶产地之一。该企业以生产优质的梅家坞龙井茶而闻名,它注重传承和创新,既保留了传统的制茶工艺,又不断引入现代技术和创新思维。同时,梅家坞龙井还积极推广龙井茶文化,开展茶文化交流活动,以提升消费者对龙井茶的认知和欣赏水平。

云栖龙井企业位于杭州市西湖区云栖村,是杭州市内著名的龙井茶生产企业之一。该企业以生产高品质的云栖龙井茶而闻名,它注重品质和口感,采用传统的制茶工艺和严格的质量控制,以确保每一片茶叶都能达到最高品质。同时,云栖龙井还注重品牌建设和市场推广,仍在不断提升品牌知名度和影响力。

虎跑龙井企业位于杭州市西湖区虎跑村,是杭州市内著名的龙井茶生产企业之一。该企业以生产高品质的虎跑龙井茶而闻名,它注重品质和口感,采用传统的制茶工艺和严格的质量控制,确保每一片茶叶都达到最高品质。同时,虎跑龙井还注重品牌建设和市场推广,不断提升品牌知名度和影响力。

这四家企业各自拥有独特的制茶工艺和品牌特色，但都共同注重品质、诚信和服务，并不断优化产品和服务，以满足客户的需求。正是这种经营哲学和核心价值的坚守，使得这四家企业能够在百年间屹立不倒，成为杭州龙井茶产业的代表性企业。

百年模式和百年品牌是企业长久发展的关键要素。一个成功的百年模式是企业长期稳定发展的基础，而百年品牌则是企业在市场上获得认可和信任的重要标志。这些企业之所以能够坚持下去，是因为他们始终秉持着以品质为本的经营理念，注重品牌的塑造和维护。这些企业的成功经验对于其他企业家来说具有重要的借鉴意义。通过深入分析和学习这些企业的经营哲学和成功之道，我们可以更好地指导自己企业的经营实践，实现企业的长久发展目标。

> 企业战略决定企业生死；商业模式决定企业发展速度；运管模式决定企业强弱；创始人的认知决定企业的未来。
> ——千海

图9-2　创始人团队示意图